やどかりブックレット・障害者からのメッセージ・24

生活保護と障害者
守ろうあたりまえの生活

やどかりブックレット編集委員会　編

永瀬恵美子　小久保哲郎　五月女敏次　三浦紀代子
佐藤　晃一　白山　実里　黒尾　克己　服部　直弘
門田　俊彦　渡邉　千恵　辰村　泰治　著

やどかり出版

発刊にあたって

　1997（平成9）年4月にやどかり情報館（精神障害者福祉工場）が開設し，私たちは1997（平成9）年から「－精神障害者からのメッセージ－私たちの人生って何？」というタイトルで体験発表を行っている．これは1997（平成9）年度はやどかり研修センターの事業の一環として，1998（平成10）年度からはやどかり出版文化事業部の事業として行っているものである．

　やどかり情報館は精神障害者が労働者として働く場であると同時に，障害をもった私たちが，私たちならではの情報発信の基地としての役割を果たしていくことを目指して開設された．

　この会が始まったきっかけは，精神障害者自らがその体験や思いを語ることで，精神障害者に対する誤解や偏見を改め，正しい理解を求めたいということだった．そして，「私たちにだって人生はあるんだ，生きているんだ，私たちの人生は何だろう？」という問い掛けを自らに，そして周りの人たちに投げかけ，一緒に考えていきたい，そんな思いを込めてい

た．また，やどかりの里では日本の各地からの要請で，自らの体験を語るために講師として出向く仲間が増え，単に体験を語るだけでなく，お互いに学び合いながら講師としての力をつけていくための場が必要であると，考えたのである．

こうして第1回，第2回と体験発表を進めていくうちに，体験発表会に対する考え方に少し変化が生じてきた．

精神障害者からのメッセージということで，精神障害者ということをひじょうに意識し，理解を求めようと動いてきたが，「人生とは？」という投げかけは，障害のあるなしにかかわらずすべての人の共通した課題ではないか，という思いが出てきたのである．そこから障害の種別を越えて，共感できたり，共通の課題を見出し，ともに考えていくことも大切ではないかと考えるようになった．そのためには他の障害をもった方々にもその体験を発表してもらい，交流がはかれたらという思いが強くなっている．

そこで改めて，体験発表という形で一般の方々に集まって聞いてもらい，全体で討論することで，参加してくれた方々が改めて自分の人生について考えるきっかけになるように，そんな気持ちを込めて企画運営している．

当初体験発表会は，講師としての力をつけたい，同じやどかりの里の仲間に聞いてもらいたい，といったやどかりの里内部に向けての企画であった．そして第1回の体験発表会について埼玉新聞が取り上げてくれたことがきっかけとなり，やどかりの里関係者以外の参加者が足を運んでくれるようになった．また，情報館のある染谷の地の人々に私たちの活動について知ってもらいたいとの思いを込め，情報館のみんなで体験発表会の案内を染谷地区の各戸に配って歩いた．何回

か継続するうちに少しずつではあるがその効果が表れ，案内を見て寄ってみたいという近所の方々の参加が見られるようになってきている．

　また，この体験発表会には，精神障害を体験した人々が，自分たちと同じ経験をして欲しくないという思いが込められている．病院生活の辛い体験を味わって欲しくないし，社会に出てからもそんな苦しい思いをして欲しくない．体験発表で語ることで，少しでも，現状が良くなっていったらという願いがこもっている．

　今回のブックレットの発刊は，1998（平成10）年4月からやどかり研修センターがやどかり情報館の活動からはずれ，やどかり出版に文化事業部の活動が新たに位置づいたことに端を発し，さらに昨年1年間の実績で私たちが語り合ってきた「障害を持ちつつ生きる」という体験が，多くの方々に共感を得ているという手ごたえを感じていることから夢を育んできたことが，実を結んだものである．第1回から第4回までの体験発表会はやどかり出版の発行する「響き合う街で」6号に掲載されているが，できれば自分たちで企画する本づくりを進めていきたいという思いがふくらんでいったのだ．やどかり出版の編集者と二人三脚で，ブックレットづくりの夢が現実のものとなっていった．

　やどかり情報館で開催する体験発表会に参加できる方はどうしても限られてしまう．でももっと多くの人々にこの思いを届けたい．

　地域で孤立して生きている人たちや，まだ病院で入院している人，はじめて病気の体験をし，とまどっている人，病気や障害があっても地域の中で，その人なりに暮らしていきた

いと思っている人々，そんな人の手にこの本が届いていくことを願っているのである．

　このやどかりブックレットに私たちの思いを込めて，全国の仲間に届けたい．

1998年9月

やどかりブックレット編集委員会

目　次

発刊にあたって ……………………………………………………… 3

はじめに …………………………………………………………… 9

第1章　生活保護とは　生活保護基準引き下げ違憲訴訟の動き　11

生活保護と障害のある人
基準引き下げの影響と基準引き下げ集団訴訟

　　　　　　　　　　　　　　　　永瀬恵美子 …………… 12

　1．障害のある人の暮らしと生活保護制度 ………………… 12
　　1）生活保護が「あってよかった」 ……………………… 12
　　2）障害のある人の暮らしと所得保障 …………………… 13
　　3）生活保護基準は「暮らしのものさし」 ……………… 14
　2．生活保護基準引き下げの強行 …………………………… 15
　　1）生活保護基準を巡って ………………………………… 15
　　2）生活保護基準引き下げのとんでもなさ ……………… 16
　　3）「おかしい」を訴えていく …………………………… 17
　3．この国の「あたりまえの暮らし」を描いて …………… 18
　　1）じわじわと暮らしを襲う ……………………………… 18
　　2）この国の「健康で文化的な生活」を問う …………… 19
　　3）「1億総活躍」が謳われる中で ……………………… 20

全国に広がる生活保護基準引き下げ違憲訴訟

　　　　　　　　　　　　　　　　小久保哲郎 …………… 23

　1．生活保護に対するマイナスイメージを振りまいた「バッシング」　23
　2．社会保障削減のため意図的にあおられたバッシング ……… 24
　3．「結論先にありき」で数値を偽造 ……………………… 25
　4．専門家会議の数値を勝手に2分の1 …………………… 26

5．専門家の意見も聞かずに物価偽装 ……………………… 27
　 6．厚労省幹部が世耕副長官にご注進 ……………………… 29
　 7．立ち上がる当事者たち
　　 「1万人審査請求運動」から「いのちのとりで裁判」へ …… 31
　　 1）2か月で「1万人審査請求運動」を達成 ……………… 31
　　 2）「10.28生活保護アクションin日比谷（25条大集会）」に
　　　　4,000人が集結 ……………………………………… 31
　　 3）1,000人規模の「いのちのとりで裁判」と「いのちのとり
　　　　で裁判全国アクション」 …………………………… 32
　 8．「私たち抜きに私たちのことを決めないで」
　　　 ～当事者が立ち上がる意味 ………………………… 33

第2章　生活保護基準引き下げ違憲訴訟の原告たち …… 37
　 裁判は10年かかっても頑張りたい　　五月女敏次 ………… 38
　 原告として小さな一歩を踏み出す　　三浦紀代子 ………… 42
　 黙っていられない，裁判で闘う　　佐藤　晃一 ……………… 49

第3章　私たちの体験　守りたいあたりまえの生活 …… 57
　 生活保護は廃止，しかし生活は厳しい　　白山　実里 ……… 58
　 親から独立，生活保護を申請　　黒尾　克己 ………………… 65
　 生活保護から抜け出して自分で人生設計　　服部　直弘 …… 68
　 人生の転換点となった生活保護受給　　門田　俊彦 ………… 73
　 働きながら生活保護を受給　　渡邉　千恵 …………………… 79
　 生活保護のおかげで生きていける　　辰村　泰治 …………… 85

おわりに ……………………………………………………… 93

　　　　　　　　　写真提供：柿内　未央　薗部　英夫　古澤　潔
　　　　　　　　　表紙デザイン：石井　知之

はじめに

　「ごくあたりまえの生活を送りたい」「自分らしい生活を送りたい」……だれもが願うことでしょう．しかし，精神疾患を発症したり，何らかの障害を得た時，生活できるだけの収入を得ることが難しくなります．そのため，日本では，障害のある人が親と暮らさざるを得ず，80歳を超えた親が50代の障害のある子どもの生活を支えているという実態があります．
　障害や疾患があっても親から独立し，ひとり暮らしを考えた時，生活保護の制度はその思いを実現するための大事な制度になります．本書は，生活保護を利用して自分らしく暮らしている9人の仲間が，生活保護を受給しながら，働き暮らすありのままの生活ぶりを語っています．それぞれが日々の暮らしで感じていること，考えていることをまず多くの人たちに知っていただきたいと本書が企画されました．
　生活保護を受給する人たちに大きな影響を与える生活保護の基準引き下げが3回にわたって行われました．そして，本書の編集委員の仲間が，生活保護基準引き下げ違憲訴訟に立

ち上がる決意をしました．私たちは，長期にわたるであろう違憲訴訟に立ち上がる仲間の応援をしたいと思いました．それが，本書を世に送り出すもう1つの思いです．

　生活保護の基準引き下げは，さまざまな制度に影響を与えます．必要な人に必要な支援が届かなくなるということもあり得るのです．訴訟に立った仲間たちは，自分たちのための訴訟ではなく，社会保障全体の後退を何とか押しとどめようと立ち上がったのです．

　生活保護の制度は，私たちの暮らしを守る最後の砦といわれています．にもかかわらず，3回にわたる引き下げが行われ，さらに5％が引き下げられることになっています．生活保護が引き下げられた結果，食費の節約に始まり，楽しみを我慢する，お風呂を我慢する……といった暮らしぶりにならざるを得ないのです．これがあたりまえの生活を支える制度なのでしょうか．

　日本国憲法第25条は，「健康で文化的な最低限度の生活を営む権利」を謳っています．本書に登場する人たちの生活ぶりから，憲法で保障された健康で文化的な生活について，私たち1人1人のこととして考えたいと思います．

2018年2月

やどかりブックレット編集委員会

第1章

生活保護とは
生活保護基準引き下げ違憲訴訟の動き

Photo by Hideo Sonobe

生活保護と障害のある人
基準引き下げの影響と基準引き下げ集団訴訟

永瀬恵美子
(公益社団法人やどかりの里)

1．障害のある人の暮らしと生活保護制度

1）生活保護が「あってよかった」

　私は，やどかりの里の職員として，精神障害のある人たちの就労支援事業所「エンジュ」で働いています．エンジュでは，親元から離れ，ひとり暮らしをしている多くの人が生活保護を利用しています．生活保護引き下げ違憲訴訟の原告に立った佐藤晃一さんもその1人．「高齢の親，すでに嫁いでいる妹に頼るわけにはいかず，生きる術が生活保護だった」と言います．

　妻と暮らすAさんは，60歳を過ぎて生活保護を申請しました．「店をたたみ，病気を抱えながらアルバイトでつないできたけれど，年もとって本当にしんどかった．生活保護を受けられてほっとしたし，体調も良くなった」と，今は，自分のペースに合わせてエンジュで働き，ポスティングのアルバイトもしながら暮らしています．

　本書に登場する黒尾克己さん（愛称黒ちゃん）は，他市の自宅からエンジュに通っていましたが，長年勤めた後，エンジュの近くに引っ越してきました．生活保護を利用し，やりくりして週に1度ファミリーレストランでの朝食バイキングを楽しんでいました．じっくり準備を重ねひとり暮らしを始めた「黒ちゃん」の生き方は，他のメンバーにも影響を与えました．生活保護は，自立への足掛かりで

あり，その人の生き方を支える大切な制度だと実感します．

2）障害のある人の暮らしと所得保障

障害のある人にとって，経済基盤の確保は大きな問題です．きょうされんの「障害のある人の地域生活実態調査」（2016年）によると，障害基礎・厚生年金，障害手当，給料，工賃など全て含む本人の月額収入でみると，最も多かったのは4万2,000円以上8万3,000円未満で48.8％（1万4,308人の回答者のうち6,839人），次いで8万3,000円以上10万5,000円未満が21.3％（2,987人），10万5,000円以上12万5,000円未満が11.2％（1,568人）でした．とても自活できる所得ではありません．

同調査では，親族，とりわけ親との同居生活の割合が54.5％と半数以上を占め，特に，仕事に就き，新しい家庭を築き親から独立していく成人の頃から，徐々に，国民一般と比べて差が開きました（**図1**）．

日本国憲法13条では「すべて国民は，個人として尊重される」とし，障害者権利条約では「他の者と平等に，居住地を選択し，及びどこで誰と生活するかを選択する機会を有する」（19条）とありますが，所得保障も不十分で，多くが貧困状態にあり，親元から離れて暮ら

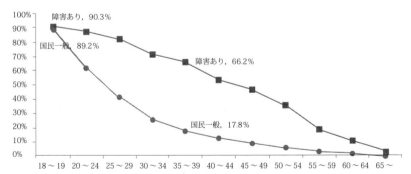

障害あり：きょうされん実態調査から，年齢別に，親と同居，配偶者なしの割合を算出
国民一般：総務省・2010年国勢調査から，年齢別に，親と同居，未婚の割合を引用

図1 それぞれの年代で，親との同居している人の割合比較

すには生活保護を利用せざるを得ないのです．先の調査では，生活保護受給者は 11.4%（1,677 人），国民一般で生活保護を受給している割合（1.7%）の 6 倍に及びました．生活保護制度が揺らげば，多くの障害のある人の暮らしにも影響を及ぼします．

3）生活保護基準は「暮らしのものさし」

　生活保護法は，「日本国憲法 25 条に規定する理念に基づき」定められています（第 1 条，生存権の保障）．8 つの扶助（生活扶助，住宅扶助，教育扶助，介護扶助，医療扶助，出産扶助，生業扶助，葬祭扶助）があり，扶助額（基準額）は医療扶助を除いた金額で定められています．生活保護基準は，住んでいる地域による区分（級地）があり，家族構成や年齢など 1 人 1 人の状況に応じて支給額が計算されます．世帯員の状況に応じて，母子，障害などの加算があります．生活扶助，住宅扶助，加算などを積み上げ，年金や賃金などの世帯の収入 [一定の金額を控除（基礎控除）したもの] を比較して，その差額が生活保護費として支給されます．必要に応じて，アパートに入居するための費用，住宅維持費など一時扶助が支給されます．

　生活保護を利用する時，この基準額の範囲で生活をやりくりすることになります．アパートを借りるにも住宅扶助の範囲内で探さざるを得ません．生活保護法では，「この法律により保障される最低限度の生活は，健康で文化的な生活水準を維持することができるものでなければならない」（第 3 条）とし，その基準については，「最低限度の生活の需要を満たすに十分なものであって，且つ，これをこえないものでなければならない」(第 8 条)と定めています．ですから，生活保護を利用した生活のあり方が，この国の「健康で文化的な生活水準」を表すことになります．この基準は，1 人 1 人の暮らし方に大きく影響します．基準が下がれば，受給額が減るわけですから，生活をより切り詰めていかねばなりません．また，今後生活保護を利用する場合に，より低い収入状況でなければ認められなくなりました．住民税非課税の基準にもされ，障害福祉サービス，介護保険

などの負担限度額などへ連動するものなのです．生活保護基準は「暮らしのものさし」として，年金や最低賃金など多方面に渡って私たちの暮らしに影響するものなのです．

2．生活保護基準引き下げの強行

1）生活保護基準を巡って

1950（昭和 25）年に成立した生活保護法ですが，生活保護基準の定め方について，生活保護法の立法担当者だった小山進次郎は「保護の基準は飽く迄合理的な基礎資料によって算定さるべく，その決定に当り政治的色彩の混入することは厳に避けらるべきこと，及び合理的な基礎資料は社会保障制度審議会の最低生活水準に関する調査研究の完了によって得らるべきこと」[1]として，中央社会福祉審議会内の生活保護専門部会が設置されました．審議会は，国（担当大臣）の勝手な判断で決められないよう，統制する役割もありました．

そして，朝日訴訟[注]の朝日茂さんのように，生存権を訴えてきた人たちを始め，「人間らしく生きたい」と願う国民の力が，この国の「健康で文化的な暮らし」の水準を引き上げ，貧困状態に置かれた人々の生活を支えてきたといえましょう．

注）朝日訴訟：重度の結核で療養所に入所していた朝日茂さん（1913－1964）が，生活保護の水準はあまりに低く，憲法 25 条で定める「健康で文化的な最低限度の生活を営む権利」（生存権）を侵害するとして 1957 年に起こした裁判．一審の東京地方裁判所は，国の責任と国民の権利を明確にし，最低生活水準を定めるときは予算の有無によって決めてはならない，むしろ予算を指導・支配すべき，といった画期的な勝訴判決を言い渡しました．人間の尊厳を問うという意味で「人間裁判」と言われ，支援の輪が全国に広がり，「権利としての社会保障」という考えが国民の中に浸透していく契機となりました．二審では敗訴，最高裁では本人死亡のため終結（1967 年）となりましたが，一審での勝訴判決後，生活保護基準は引き上げられました．

しかし，1990年代以降，国の「社会福祉基礎構造改革」によって，社会福祉における国民の負担の強化と給付の抑制が打ち出されました．2000（平成12）年には，社会福祉の増進のための社会福祉事業法等の一部を改正する等の法律案に対する国会の附帯決議で，生活保護の在り方について検討されることになりました．2003（平成15）年に，社会保障審議会福祉部会に「生活保護制度の在り方に関する専門委員会」が設置され，翌年まとめられた「報告書」において，生活扶助基準について，全国消費実態調査等を基に5年に一度の頻度で検証を行うこと，加算の在り方の見直し，自立支援など改革の方向が示されました．

2009（平成21）年に民主党政権成立後，民主・自民・公明三党合意のもと「社会保障・税の一体改革」が進められました．社会保障給付費を消費税の範囲に収め，「自助，共助及び公助の適切な組み合わせ」，家族相互・国民相互の助け合いの仕組みづくりが強調され，2012（平成24）年8月に成立した「社会保障制度改革推進法」で，生活保護の見直しが法制化されました．2012（平成24）年12月に行われた衆議院議員総選挙では，政権公約に「生活保護の給付水準10％引き下げ」を掲げた自民党が大勝．その後，生活保護の引き下げが断行されました．

2）生活保護基準引き下げのとんでもなさ

2013（平成25）年1月18日，社会保障審議会生活保護基準部会（以下，基準部会）が報告書を公表．厚労省は，同月27日，「生活保護基準の見直しについて」と題する文書を発表し，保護費を約670億円削減すること，別途期末一時扶助を，同年12月分のみで約70億円削減すること等を示しました．約670億円のうち，①　基準部会における検証結果を踏まえ「年齢・世帯人員・地域差による影響」を考慮した削減が約90億円，②　前回見直し（2008年）以降の「物価の動向を勘案」した削減が約580億円とし，平均6.5％，最大10％の削減，全被保護世帯の96％が影響を受けるといったものでした．

①については，一般低所得世帯の中で一番所得の低い層（第1・10分位）の消費水準と生活保護基準を比較されたものでした．低所得者層の中には，生活保護を受ける資格があっても受給できていない世帯が多く（捕捉率2～3割），こうした層と比較すると際限ない引き下げにつながります．基準部会としても「検証方法に一定の限界があることに留意すべき」と，安易な引き下げに釘を刺しています．

②については，基準部会において一切検討されていません．「生活扶助相当CPI」という厚労省が独自に考えた計算式によって導かれた物価下落を理由にしていますが，パソコンやビデオカメラなど，日頃購入しないような電化製品の値下がりを過大に反映し，計算方法も科学的な根拠に欠けていると指摘されています．これらを踏まえ，2013年8月から，生活保護基準の引き下げが強行されたのです．

3）「おかしい」を訴えていく

2013年夏，「平成25年8月基準改定による」と，たった一言付された通知書が生活保護受給世帯に届きました．8月6日～7日に全国各地で実施された「生活保護基準引き下げにNO！ 全国一斉ホットライン」には964件もの相談が殺到．そして，全国で1万人を超える人たち（1万654件，2013年11月22日 厚生労働省社会・援護局保護課）が，基準改訂に対する審査請求をしました．これまで年間の最多は1,084件（2009年），かつてない広範さ，深刻さを物語っています．

埼玉では，長年憲法25条を守る取り組みを進めてきた「埼玉県生活と健康を守る会連合会（埼生連）」や，路上生活者へのサポートなど貧困問題に取り組んできた「反貧困ネットワーク埼玉」，そして，障害者団体「きょうされん埼玉支部」が，この問題に共同していくようになりました．不服を申し立てる審査請求書の書き方，期限，提出先なども共有し，こうした手続きも身近に感じられるようになりました．

「行政に盾ついたら生保が切られちゃうんじゃないか」という不安

の声もありましたが,「おかしい」と言うための具体手続きが権利としてあることを学び,集団で話し合う中で,やどかりの里でも「自分もやってみよう」と手を挙げる人も増えていきました.

2013年9月には,集団審査請求を行い,埼玉県内で370件近くに上りました.これを機に先の3団体が結集し,「生活保護基準引下げ反対埼玉連絡会」(以下,埼玉連絡会)が発足,集団訴訟の準備,提訴後の支援活動に取り組んでいきました.

3. この国の「あたりまえの暮らし」を描いて

1) じわじわと暮らしを襲う

2014(平成26)年4月の2回目の引き下げが始まると同時に,消費税が5%から8%に上がり,日々の生活にさらなる追い打ちをかけました.こうした状況の中,審査請求,再審査請求を続け,県や国への口頭意見陳述では生活実態を訴えました.

「『2008年と比較して物価が下落した分を減額した』と国は説明しています.しかし,食費,日用雑貨は,ほとんど値下がりしていません.電気代もガス代も上がる一方です.この冬,ガス代が月額5千円初めて超えました.風呂のお湯を10cm少なく張って,節約しています.食材も高いです.特に野菜類が高くて,19円のもやしを買うことが多くなりました」[2]

「生活保護が引き下げられてからは,夜は宅配弁当をやめて,ヘルパーさんに作ってもらったものを食べることがほとんどになりました.本当はヘルパーさんにいろんな料理を作ってもらいたいのですが,お金を浮かせるために同じものを4日分作ってもらっています.この前は麻婆豆腐を4日分,次の週はシチューを4日分作ってもらいました.その時ヘルパーさんに「たまにはかつ丼でも作ってあげる」と言われましたが,自分の頭の中が『金』『金』『節約』『節約』で一杯になってしまい,『やっぱり麻婆豆腐で』と頼んでしまいました」[2]

「子どもに友達と同じおもちゃを与えることはできません.時々寂しそうに『俺だけ持ってない』と言うのを聞くと,申し訳ない,切

ない気持ちになります．少しは同世代の男の子と同じ洋服を着せてあげたい．たまには肉もお腹いっぱい食べさせてあげたい．でも実際には子どもの『おかわり』を我慢させてしまうことがあります．エアコンをつけるときも電気代を気にしながらリモコンのボタンを押します．これからどうなるのかとても不安です」[2]

こうした思いで暮らす状況が，「健康で文化的な生活」なのでしょうか．

2）この国の「健康で文化的な生活」を問う

2014年2月25日，佐賀を皮切りに全国で生活保護基準引き下げに対する集団訴訟が始まりました．埼玉では，2014年8月1日，県内に住む25人が，国と県，さいたま市ら7市を相手に提訴しました．2013年8月の引き下げに続いて2014年4月，2015（平成27）年4月の引き下げに対しても提訴がなされています（2017年5月22日現在，全国29地裁943人，埼玉32人「いのちのとりで全国裁判アクション」HP）．

いわれない生活保護バッシングの報道がなされる中で，原告になるのは勇気のいることでした．家族がどう思うだろうか，原告の1人で本書にも登場する佐藤晃一さんも「どうせ断られるんだろうな」と思いながら父親に相談したそうです．しかし父親は，「よく考えて決めたのなら，思う通りにやってみなさい」と背中を押してくれたそうです．佐藤さんは，「バッシング報道があり，根拠のない引き下げが行われ，どんどん追い詰められている感がします．国民の問題として考えてもらえたら」と原告の1人に加わりました．

第1回口頭弁論期日は，2014年11月19日，さいたま地方裁判所で開かれました．毎回の期日には，埼玉連絡会の呼びかけで，さいたま地裁の最寄駅の浦和駅前でアピール行動を行い，傍聴行動や集会を行っています．駅前で裁判のちらしを配っていると，「何が生活保護だ．年金暮らしのほうがよっぽど厳しいのに」と怒りをぶつける人もいます．厳しい状況に置かれる社会のありようを感じざるを

得ません.

　裁判が長期化する中で,原告と弁護団,支援者で訴えを確かめる機会を継続するとともに,学習や交流の機会を大切にしています.**資料1**は,2014年9月26日に開催された「原告・支援者のつどい」で発表された古城英俊弁護士のレジュメです.「健康で文化的な生活」とはただ生命を維持するだけではないことを改めて学び,そして,裁判は,生活保護を利用する人たちだけの問題ではなく,誰がどんな状況になっても尊厳を持って暮らせるような社会に通じるという思いを抱いています.

3)「1億総活躍」が謳われる中で

　2015年9月,安倍政権は内閣改造の際に,① 希望を生み出す強い経済(名目国内総生産600兆円),② 夢をつむぐ子育て支援(希望出生率1.8%),③ 安心につながる社会保障(介護離職ゼロ)の「新3本の矢」で1億総活躍社会をめざすとし,厚労大臣は「新3本の矢すべての責任を持つ」と意気込みました.

　同年10月28日,日比谷野外音楽堂で「10.28生活保護アクション

資料1

「健康な生活」
・住居の確保
・生命維持に必要なライフラインの確保
・十分に疾病の治療をすることができること
・衛生状態が良好に保たれていること
・生命維持のための栄養素の確保

「文化的な生活」
・社会の情報を取り入れること
・自尊心を保ちつつ他者と交際すること
・子どもに不自由のない教育を受けさせること

(2014年9月26日「原告,支援者のつどい」レジュメより)

in 日比谷 25条大集会」が開催され3,300人が集いました．憲法25条を守ろうと結集し，医療，介護，労働などの分野から実態が語られました．経済学者の金子勝氏は「65歳以上の人が3,300万人，非正規雇用は2,000万人，障害者は800万人，失業者600万人，人口の半数近くがこういう状態であるこの国において，1億を本当に活躍させるつもりならば，生活保護の切り下げなどありえない」と発言．国は，公的責任を大きく後退させ，「自助・共助・互助」の社会をめざそうとしていますが，多くの非正規労働者など生活基盤が脆弱(ぜいじゃく)な人たちを生み出した政策のあり方自体，まず総括すべきではないでしょうか．

　エンジュで就労準備を進めてきたBさんは，不安定な体調を抱えながらも通所を続け，パートでの一般就労に結び付きました．数か月後，生活保護の担当者から「月数千円単位でギリギリ基準を上回っているので生活保護は停止，（この状態が）継続すれば廃止となる」と告げられました．そして，障害年金と不安定なパート収入で，生活費や家賃に加え，これまで現物給付されていた医療費も支払うことになりました．Bさんの場合，3回に渡る基準引き下げで7,000円弱減額されており，基準引き下げがなければもう少し収入が得られるまで生活保護が受けられたはずです．生活保護から脱しようと頑張ってきたBさんですが，経済的に豊かさを感じられるようになったわけではありません．基準引き下げは，このような事態も招くのです．ぎりぎりのところで，厳しい暮らしを強いられている人たちが，これまで以上に増えていくことが危惧されます．

　埼玉では，2016（平成28）年11月26日，「すべてのくらしは25条から　11.26埼玉集会」が開かれました．県内の福祉，労働，医療，教育などの団体で実行委員会を組織して取り組み，保険料が滞り通院を控えて「手遅れ診療」となる実態，派遣で働く教員の置かれている状況など，自分たちの暮らす埼玉で起きていることを共有しました．集会は継続していく方向で，暮らしを良くしようと，少しずつ連帯の輪が広がり始めています．

疾患を抱え何とか日々つなぎながら暮らしている人たちが原告に立ち，身を挺して憲法25条を守ろうしている姿に，自分たちのためにも闘ってくれているのだと思わざるを得ません．私たちは改めて，日本国憲法が私たちの暮らしを守るものと知りました．そして，「健康で文化的な生活」を描き，これから育つ人たちも安心して，自由に，存分に生きられるような社会になっていくことを願い，共に取り組んでいきたいと思います．

引用文献

1）小山進次郎：改定増補　生活保護法の解釈と運用（復刻版）；全国社会福祉協議会，2004年2月．
2）きょうされん埼玉支部：健康で文化的な生活を送りたい　生活保護引下げ　意見陳述集，2015年9月．

参考文献

1）朝日訴訟から生存権裁判へ：生存権裁判を支援する全国連絡会；2014年5月．
2）全国生活と健康を守る会連合会：月刊「生活と健康」臨時増刊号，2015年1月．

全国に広がる生活保護基準引き下げ違憲訴訟

小久保哲郎
（弁護士，生活保護問題対策全国会議事務局長）

1. 生活保護に対するマイナスイメージを振りまいた「バッシング」

　皆さんは，「生活保護」と聞くとどのようなイメージをもたれるでしょうか？　明るく美しいイメージなのか，暗くダーティーなイメージなのか？

　あるいは，もし自分が生活保護を利用することになった場合，ためらうことなく胸を張って使おうと思いますか？　それとも，できれば使いたくないと思うでしょうか？

　残念ながら，今の日本では，「生活保護」に対して後者のマイナスイメージをもっている人が圧倒的に多いと思います．

　憲法25条は，誰もが「健康で文化的な最低限度の生活」を営むことのできる権利（生存権）を保障しています．生活保護制度は，この生存権保障を具体化するために作られた大切な社会保障制度です．同じ社会保障制度でも，年金や失業手当であれば利用するのをためらう人はいないと思います．なぜ生活保護だけ，このようなマイナスイメージがついてしまったのでしょうか．

　2012（平成24）年春，人気お笑いタレントKさんのお母さんが生活保護を利用していることが女性週刊誌やテレビで取り上げられ問題視されました．「Kさんはたくさん稼いでいるのにお母さんを養わ

ずに生活保護を受けさせているのはケシカラン！」「不正受給ではないのか？」というのです．しかし，日本では，ともに成人した親子は互いに「社会的地位にふさわしい生活を成り立たせたうえで，なお余裕があれば仕送り等をする」という弱い扶養義務しか負いません．Ｋさんは毎月一定額をお母さんに仕送りをし，お母さんは足らずの分について保護を受けていたといいます．仮にお母さんがＫさんからの仕送りを役所に申告せず保護費を二重取りしていたら不正受給ですが，そのようなこともなかったということですから，非難されることは何もありません．

ところが，自民党参議院議員の片山さつき氏や世耕弘成氏らは，ことさらにこれを問題視し，世論のバッシングをあおりました．その後，週刊誌やテレビでは「生活保護といえば不正受給」「保護費を受け取ったらすぐパチンコ」といった，生活保護制度そのものや生活保護利用者全体に対するマイナスイメージをふりまく報道が相次ぐことになりました．

２．社会保障削減のため意図的にあおられたバッシング

私は，このバッシングは意図的に仕組まれたものだと考えています．バッシングをあおった世耕議員と片山議員は，当時，自民党の「生活保護に関するプロジェクトチーム」の座長と中心メンバーでした．同党は，2012年4月9日，① 給付水準の10％引き下げ，② 食費や被服費などの現物給付化，③ 稼働層を対象とした生活保護期間「有期制」の導入などの生活保護削減策を発表しています．

バッシング報道が頂点に達したのは，2012年5月25日，Ｋさんが謝罪会見を開いたときでした．たかが一タレントの母親が生活保護を受けていたというだけの話なのに，テレビ各社が特番を組んで生中継をし，ニュースではトップニュース扱い．異常というほかない報道ぶりでした．こうした流れに押されて，民主党政権の小宮山洋子厚生労働大臣（当時）まで，親族からの返還強化や扶養困難の証明義務を課す法改正について言及してしまいます．そして，自民党

の提案を丸のみして「社会保障制度改革推進法」という法案として，6月15日の社会保障・税一体改革に関する3党合意（自民・公明・民主）が交わされたのです．ほとんど報道されていないのであまり知られていませんが，この法律は，同年8月10日，消費増税法とセットで成立しました．

この「社会保障制度改革推進法」という法律は，①「自立を家族相互，国民相互の助け合いの仕組を通じて支援していく」として「自助」，つまり自己責任を強調し，②「社会保障給付の重点化・制度運営の効率化により負担の増大を抑制」するとして，社会保障費削減の方向性を明確にしています．社会保障を充実させるために消費税を上げるという話だったのに，逆に社会保障費を削減することになってしまったのです．

この法律の附則2条は，「不正受給者への厳格な対処，給付水準の適正化」等の「生活保護制度の見直し」を掲げ，生活保護を社会保障費削減の最初のターゲットに定めています．そして，2012年12月の総選挙で「生活保護の給付水準10％引き下げ」を選挙公約とした自民党が政権を奪取し，2013（平成25）年1月には早速，平均6.5％最大10％の史上最大の生活扶助基準引き下げの予算案が発表されたのです（なお，「生活扶助」というのは生活保護費の中の生活費部分のことです）．

このように2012年4月の自民党の政策発表と時を同じくして生活保護バッシングが始まり，2013年1月には見事にその政策が実現したという経過を見ると，生活保護バッシングが意図的に作り出されたものであることがお分かりいただけるのではないかと思います．

3．「結論先にありき」で数値を偽装

前代未聞の生活扶助基準引き下げは2013年8月から3回に分けて実行されましたが，その根拠のなさも前代未聞でした．森友学園問題では安倍政権の意向を忖度してあるべき行政が歪められたことが問題になっています．これと同じように，生活扶助基準の引き下げ

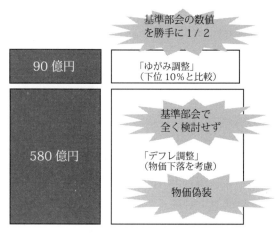

図1 生活扶助基準の削減

でも，政権公約の「10％引き下げ」を何が何でも達成するために異常な数値の操作が行われたのです（**図1**）．

4．専門家会議の数値を勝手に2分の1

今回の引き下げでは，まず，国が「歪み調整」と名付けた削減が90億円されています．「歪み」というのは，国民の中の下から10％の低所得層の消費水準と生活保護基準とを比べた格差のことです．そもそも，下位10％の低所得層の中には生活保護基準以下の生活をしている人たちがたくさん含まれているので，この層と比べると保護基準がどんどん下がっていってしまいます．したがって，下位10％との比較それ自体が問題です．

ただ，専門家会議である生活保護基準部会（以下「基準部会」）の検証結果では，多くの世帯類型で引き下げになるものの，高齢単身世帯では7万3,000円から7万7,000円に4,000円増額，高齢夫婦世帯では10万6,000円から10万8,000円に2,000円の引き上げが必要とされていました．これは，70歳以上の高齢者に月額1万7,930円（都市部）支給されていた老齢加算が2006年度に完全廃止されたことに

よって，下位10％の低所得層と比べても高齢世帯の生活保護費があまりに低くなり過ぎていたということを意味しています．

ところが，実は，基準部会が出した数値を，厚生労働省（以下厚労省）が勝手に2分の1にしていたことが，2016（平成28）年6月18日，北海道新聞（本田良一記者）のスクープ記事で明るみに出ました．厚労省は，その理由を「激変緩和」と説明しています．しかし，そうであれば引き下げになる世帯のみ数値をいじればよいのであって，引き上げとなる世帯についてまで数値を半分にする必要はありません．

5．専門家の意見も聞かずに物価偽装

また，今回の引き下げには，国が「デフレ調整」と名付ける削減が580億円もあります．「デフレ調整」というのは，この間[2008（平成20）年から2011（平成23）年]にかけてデフレで物価が下がっているので，同じお金でたくさん物を買えるようになっているから生活保護基準を引き下げても良いという理屈です．ところが，今まで国は生活保護基準を決めるにあたって物価を考慮したことはなく，基準部会でもまったく議論さえされていませんでした．専門家による検証を全く経ないままに今回の削減額の実に86％に及ぶ580億もの削減が実行されたのです．

しかも，この間の物価下落率は一般の総合物価指数（CPI）では2.35％なのに，厚労省が作り出した「生活扶助相当CPI」では4.78％になっています．つまり，生活保護利用者は一般の人の2倍以上もデフレの恩恵にあずかっているというのです．これは全く生活実態に合っていません．

図2をご覧ください．物価の動向というのは品目や費目によって全く異なります．この間，大きく物価が下がっているのは家具・家事用品費や教養娯楽費です．これはこれらの費目に含まれている電化製品が大きく値下がりしたことによります．これに対して，食糧費はほぼ横ばいないし微増で，光熱水道費はむしろ上がっています．

生活保護利用者などの低所得の人ほど，家計の中で食費や光熱費が占める割合が高く，電化製品などのぜいたく品はほとんど買いません．毎年厚労省が約 1,000 の生活保護世帯を対象に行っている「社会保障生計調査」という家計簿調査を使えば，こうした生活保護世帯の消費動向が明らかになるはずです．

ところが，今回厚労省が作り出した「生活扶助相当 CPI」では，一般世帯のデータを前提とし，さらに，教育費，医療費，住居費，自動車関連費などの生活扶助の対象とならない品目 3,608 を除外しました．そのため，全体の中で電化製品の占める割合が，一般世帯では 2.68% なのに「生活扶助相当 CPI」では 4.19% にも増えました．（**図3**）

つまり，生活保護世帯の生活実態をふまえた「社会保障生計調査」の数値を使わないだけでなく，「生活保護世帯は一般世帯より 1.5 倍も電化製品を買っている」というあり得ない数値を前提に計算がされているのです．

さらに，日本では長年総務省が国際的にも確立した「ラスパイレス方式」に基づいて消費者物価指数（CPI）を調べて発表してきまし

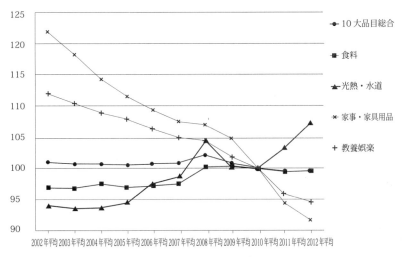

図2 品目（費目）によって物価の動向は異なる

た．ところが今回，厚労省は，「パーシェ方式」という方式を混ぜ合わせて使ったのです．この「パーシェ方式」は，普段使われることがなく，物価が下がる数値が出やすい方式です．厚労省の「生活扶助相当CPI」は，普段使わない「パーシェ方式」を使い，「ラスパイレス方式」と「パーシェ方式」という全く異なる2つの方式を混ぜ合わせて使ったという点において，統計の専門家からするとあり得ないことなのです．

このようにして，「生活保護世帯は一般世帯の2倍以上もデフレの恩恵にあずかっている」という，事実と全く乖離した数値がでっち上げられたのです．本当にとんでもない話です．この問題を追及している中日新聞の白井康彦記者は，「耐震偽装」ならぬ「物価偽装」だと厳しく指摘しています[1]．

6．厚労省幹部が世耕副長官にご注進

図4は，北海道新聞の本田記者が先に述べたスクープ記事を書くにあたって情報公開手続で得た資料です．その表紙には，「生活保護

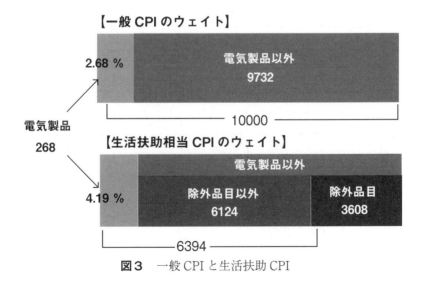

図3　一般CPIと生活扶助CPI

制度の見直しについて」という表題の横に 取扱厳重注意 という注記がされています．当時の厚労省幹部が，この資料をもって，世耕官房副長官に説明を行ったといいます．

資料を見ると，先に述べたとおり，基準部会の検証結果からすると，高齢世帯の保護基準は上がるはずでしたが，基準部会の数値を勝手に2分の1にし，勝手にデフレを考慮した結果，元より 2,000 円，3,000 円も下がってしまったことが分かります．

思い出してください．世耕議員は「保護基準 10％引き下げ」を打ち出した自民党の生活保護プロジェクトチームの座長だった人です．厚労省幹部が，政権公約の「10％引き下げ」を何とかして実現する方策をひねり出した結果をご注進したとしか考えられません．

これまで国は，生活保護基準を決めるにあたって，曲がりなりにも専門家の意見を聞いたという体裁は取り繕ってきました．ところが，今回，厚労省は，そのような体裁さえ投げ捨て，徹頭徹尾，専門家の意見をないがしろにして引き下げを断行しました．わが国の

世帯類型ごとの基準額

＊今回の検証で参照した平成 21 年全国消費実態調査の個票データの分析に基づく

【現行の基準額と今回の検証結果を勘案した基準額を比較した場合】　【見直し後の基準額】

世帯類型	①現行基準を適用した場合の平均値	②検証結果を完全に反映した場合の平均値（注1）	検証結果の影響（②／①）	③見直し後基準額を適用した場合の平均値（注2）	検証結果の影響（③／①）
夫婦子1人	約 15 万 7 千円	約 14 万 3 千円	92％	約 14 万 4 千円	92％
夫婦子2人	約 18 万 6 千円	約 15 万 9 千円	86％	約 16 万 9 千円	91％
高齢単身（60歳以上）	約 7 万 3 千円	約 7 万 7 千円	105％	約 7 万 1 千円	97％
高齢夫婦（60歳以上）	約 10 万 6 千円	約 10 万 8 千円	102％	約 10 万 3 千円	97％
単身（20～50代）	約 7 万 8 千円	約 7 万 7 千円	98％	約 7 万 4 千円	94％
母子世帯（18歳未満の子1人）	約 13 万 9 千円	約 13 万 1 千円	95％	約 12 万 9 千円	93％

＊現行の基準額は，消費実態と比べた場合，単身世帯より多人数世帯，高齢者より若年者の方が相対的に乖離が大きい傾向があり，その影響によって上記のような結果となっている．
（注1）　今回の基準部会における検証結果である年齢・世帯人員・地域差による影響を完全に調整した場合．
（注2）　年齢・世帯人員・地域格差による影響の調整を 1／2 とし，平成 20 年から 23 年の物価動向を勘案した場合．
　　　　（世帯ごとの増減幅は最大 10％とした上で，平均値を算出．）
（注3）　基準額はいずれも児童養育加算，母子加算，冬季加算を含む．
（注4）　児童養育加算は平成 21 年当時の児童手当制度によるが，直近の制度でも①と③の差は変わらない．

図4　世帯類型ごとの基準額

ナショナル・ミニマム（国家的最低保障基準）である生活保護基準の決定にあたって、そのように乱暴なことが許されて良いはずがありません。

7．立ち上がる当事者たち
「1万人審査請求運動」から「いのちのとりで裁判」へ

1）2か月で「1万人審査請求運動」を達成
　ここまで見てきたとおり、今回の保護基準引き下げは、とにかくメチャクチャなものでした。しかし、私たちもやられっぱなしではありません。

　「前代未聞の攻撃に対しては前代未聞の反撃を！」を合言葉に、まず、2013年7月、「1万人審査請求運動」が取り組まれました。生活保護の決定に不服があれば、都道府県知事に「審査請求」という不服申立てをすることができます。国の決定を都道府県知事が覆すことは期待できないので最終的には裁判をするしかありません。しかし、裁判（取消し訴訟）をするためには、まず審査請求をしなければならないと生活保護法で決められているので、通らなければならない道でもあります。

　過去最多の審査請求件数が1年間で1,086件（2009年）でしたから、正直言うと私は内心、「6〜7,000件に達すれば、人数で言えば1万人を超えていると言える。何とか5,000を大きく超えて欲しい」と考えていました。ところが、フタを開けてみるとわずか2か月程度の取り組みで1万654件（厚労省発表）もの審査請求が提起されました。過去最高の約10倍もの人が国の決定に不服を申し立てて立ち上がったのです。

2）「10.28生活保護アクションin日比谷（25条大集会）」に4,000人が集結
　予想どおり、審査請求について棄却裁決が出始め、2014（平成26）年2月の佐賀県を皮切りに次々と裁判が提起されました。こうした

動きを受けて，2015（平成27）年10月28日，日比谷公園の野外音楽堂に，想定を超える4,000人が集まり，大集会がもたれました．

このアクションには，荻原博子さん（経済評論家），落合恵子さん（作家），堤未果さん（ジャーナリスト），平野啓一郎さん（作家），益川敏英さん（名古屋大学素粒子宇宙起源研究機構長），森永卓郎さん（経済評論家），森村誠一さん（作家），和田秀樹さん（精神科医）などの著名人の方々も賛同人として名前を連ねてくださいました．当日の集会には，民主，共産，社民，自由，維新の各政党から国会議員が登壇してくださり，全国各地から集まった裁判の原告の皆さんも壇上から声を上げました．

そして，集会の最後には，作家の雨宮処凛（かりん）さんの原案に生活保護を利用する当事者の皆さんが意見を出し合って作りあげた素晴らしい「集会アピール」が若い女性原告によって読み上げられ感動を呼びました．

集会後には，代表団が厚労省に要望後，記者会見に臨みました．記者会見では各地から集まった原告が実名，顔出しで取材に応じ，私はその姿に感動しました．集会参加者一同は，「福祉を守って命を守ろう」と元気にシュプレヒコールを上げながら，東京駅方面に向けてパレードをしました．

生活保護をテーマにした集会で4,000人もの人が一同に会したのは初めてのことだと思います．遠方から参加した原告，生活保護を利用する当事者，そして支援者や法律家にとっても，力強い仲間の存在を再確認し，元気をもらった大変意義深い取り組みでした（詳しくは，「25条大集会」のHPをご参照ください．動画や写真もあります）．

3）1,000人規模の「いのちのとりで裁判」と「いのちのとりで裁判全国アクション」

2017（平成29）年10月15日現在，全国29都道府県で，950人を超える原告が生活保護基準引き下げ違憲訴訟を闘っています．「1万人審査請求運動」を提起した当初に全国弁護団のリーダーでもある

尾藤廣喜弁護士（京都）が「1,000人規模の訴訟を提起する」と述べたときには，どうなることかと思いましたが，本当に1,000人まであと一歩です．全国で約300人の弁護士が手弁当で弁護を引き受け，3～4か月に一度の全国弁護団会議には毎回70～80人の弁護士が参加しています．

地域によって裁判の呼び方や支援団体の名前も違いますが，25条大集会を企画したメンバーで議論を重ね，雨宮処凛さんの発案で「いのちのとりで裁判」と名付けられました．

そして，この裁判を支援するとともに今後とも予想される生活保護制度改悪を阻止する運動のための組織として，2016年11月7日，
「いのちのとりで裁判全国アクション」が設立されました．共同代表には，安形義弘さん（全国生活と健康を守る会連合会会長），雨宮処凛さん（作家），稲葉剛さん（住まいの貧困に取り組むネットワーク世話人），井上英夫さん（金沢大学名誉教授），尾藤廣喜さん（弁護士），藤井克徳さん（日本障害者協議会代表）が就任されました．

「いのちのとりで裁判全国アクション」では，2017年11月から「生活保護制度の充実を求める緊急署名」や「25条アクション」として毎月25日に全国各地の街頭などでのアクションに取り組むことを呼びかけています．活動に使える署名用紙や街頭活動に使えるプラカードなどがHPからダウンロードできるようになっているので，ぜひご活用のうえ活動へのご協力をお願いいたします．

8．「私たち抜きに私たちのことを決めないで」～当事者が立ち上がる意味

生活保護制度が，社会保障費削減の最初のターゲットとして狙われたのはなぜでしょうか？

1つは，生活保護の利用者は，当然お金がありませんし，高齢，障がい，傷病などさまざまなハンディがあり，孤立しがちです．さらに，この間の生活保護バッシングのため，政治的・社会的に声を上げにくい弱い立場に置かれているからです．叩いても文句を言え

ない「弱者」を叩くという卑怯な戦略です．

　もう1つは，生活保護が憲法25条の生存権保障の岩盤となる制度だからです．この制度を掘り崩せば，そのうえに乗っかっている医療，年金，介護等の手前の社会保障制度も崩しやすくなるから狙われたのです．実際，生活保護削減の後，年金，医療，介護とあらゆる社会保障分野での削減策が推進されていることはご承知のとおりです．

　こうした中，1万人もの人が審査請求に立ち上がり，1,000人近くの人が裁判を提起しているということには，とてつもなく貴重な意味があります．

　バッシング社会の中，声を上げることには勇気が必要です．私も当事者の方から「役所に盾ついて嫌がらせをされたりしないでしょうか？」という不安の声をよく聞きました．しかし，こうした不安を乗り越えて1万人，1,000人という生活保護の利用者が立ち上がったのです．「叩いてもどうせ文句も言えないだろう」と国が甘く見ていた当事者たちが大挙して抗議の声を上げたことに国は驚いていると思います．国からすると，「またいい加減な理由で削減はしにくいなあ」という意味で，さらなる改悪の歯止めとなっているはずです．

　また，生存権保障の岩盤となる生活保護の利用者が立ち上がることには，国民・市民の代表選手として社会保障制度を守るという意味があります．実際，この間の運動で，生活保護基準が住民税非課税基準等さまざまな低所得者対策の基準と連動していることが広く知られるようになり，生活保護基準の引き下げに伴って下がるはずの住民税の非課税基準は据え置かれたままになっています．生活保護の利用者が声を上げたおかげで，多くの住民税非課税世帯が救われているのです．

　ただ，私は運動の面での課題もあると考えています．せっかく1,000人もの当事者が裁判に立ち上がっているのに，その当事者の声がマスコミなどを通じて十分に市民に伝わっているとはいえないからです．私のような弁護士がいくら理屈をこねても市民の心には届きません．当事者の生活実感に根差したリアルな声こそが世論を変える

ことができます．

　障がいの分野では「私たち抜きに私たちのことを決めないで」というスローガンが定着していますが，生活保護の分野でも同じでなければならないと思います．私は障がいの分野で運動に取り組んでこられた皆さんに教えを請いたいと思っていますし，実際，25条大集会などを通じて，障がい分野の皆さんとの連携が深まることで運動が大きく広がりつつあります．

　障がい分野の運動に携わっている皆さんには，ぜひとも生活保護の分野でも全国各地で先頭に立って当事者の声を社会に発信していただきたいと心からお願いいたします．このブックレットは，まさにそのための貴重な一歩であり，企画・執筆された方々に感謝申し上げるとともに，読者の皆さんとともに本書に記された当事者の方々の声に耳を澄ませたいと思います．

文献
1）白井康彦：生活保護削減のための物価偽装を糾す！：あけび書房，2014年10月．

第 2 章

生活保護基準引き下げ 違憲訴訟の原告たち

Photo by kiyoshi Furusawa

裁判は10年かかっても頑張りたい

五月女敏次　　　　　69歳．ひとり暮らし．サポートステーションやどかりに週2日通所．

19歳で精神科病院に入院

　私は16歳の時に自殺未遂を起こして，19歳で精神科病院に入院しました．入院するまでは，高校に通っていて，精神科を受診してはいませんでした．症状は幻聴や被害妄想などがありました．その後，派遣社員として働きましたが，20代から30代にかけて10回以上，入退院を繰り返しました．結婚してその後離婚，娘と息子がいます．

やどかりの里との出会い

　東岩槻にいた頃，やどかりの里とは別の生活支援センターを利用していましたが，入院したいという相談をした時，「援護寮」（現在はサポートステーションやどかり．宿泊や通所ができる事業所）というところがあって，「ショートステイ（在宅で暮らす人が一時的に宿泊できる）ができる」と言われ，利用したのがやどかりの里との出会いのきっかけです．バザーの準備の手伝いをしている時に，すごいところがあるんだなと思いました．58歳から59歳の頃でした．それから，アパートに引っ越して，やどかりの里の生活支援センターで

相談するようになり，アトリエなす花（現在はすてあーず．リサイクルショップと小物の製造販売するやどかりの里の就労支援事業所の1つ）で仕事を始め，少しずつ時間を増やしていきました．

生活保護を受給しての暮らしは人それぞれ

　生活保護を受給するきっかけは，役所の福祉課の人が訪ねてきたことです．今は離婚した妻が，暴力や借金の問題で福祉課に駆け込んだようです．妻から事情を聞いた福祉課の人が，生活保護を受けないかと提案してきました．私は生活保護なんか別にいらないと思ったのですが，お任せしますということで受給を始めました．

　その頃は人材派遣の会社で仕事をしていましたが，定年になってからは生活保護一本になりました．生活保護を受給したことで，家族からは毛嫌いされ，「もうお前は福祉もらってんだから，家族の一員じゃない」というような冷たい目で見られました．親戚の人が亡くなっても呼ばれもしないし，お前来なきゃ駄目だよとも言われもしなかったです．でも，仕方がないことだと思っています．

　生活保護に対する偏見は特にもってはいません．自分が生活保護を受給するようになって，中には真面目に生活して子どもを育てている人もいるし，酒浸りの人や博打浸り（ばくちびた）の人もいるし，だから人それぞれの生き方だなあと思っています．自分は今の環境でなんとか生活しています．

生活保護基準引き下げの影響

　朝1食100円，昼1食100円，それがあたりまえになって

いますので，豪華な食事をしている人，お弁当を作って食べている人を見ると，うらやましいとは思います．でも自分にとってはカップ焼きそばや，朝，パンにマーガリンをつけて食べる，そんな生活に慣れているので，貧しさについては特に考えていません．

生活保護基準の引き下げによる影響は，多少はあります．何千円かでも節約するために，例えば，光熱費を削っています．こたつをつけても暖まったら消したり，夏は水のシャワーを5分で浴びたり，そうすれば毎日入っても電気代はそんなにかからないんです．コーヒーが好きなのですが，消費税が上がったため，値段は変わらないのですが量が少なくなったので，買いたいと思ってもどうしようかと考えることもあります．ある程度，お金のやり繰りを考えながら生活しています．

毎日の暮らしぶり

腰と足を痛めているので，極力万歩計を使って役所の周りを何回も何回も回って，4,000歩を目標に歩いています．痛いから歩かないのではなく，痛いけど歩いて筋肉をつけないとだめだと医者に言われています．

安く買えるところを探して，遠くのスーパーへ買い出しに行ったり，近くのスーパーで肉が3パック1,000円の時は買いに行ったりしています．すてあーずの1階にあるリサイクルショップにお皿や壺や絵などが出た時には，安い値段で買ってきて部屋に飾ります．それが唯一の楽しみ，娯楽の1つになっています．

現在は，サポートステーションやどかりの日中活動に月曜

日と金曜日に参加し，書道をやったり障害者交流センターで体を鍛えたりしています．サポートステーションやどかりは自分にとっては生きがいのようなもので，生活に張りを与えてくれています．

病院に行った時にいつまでも呼ばれない．そんなことがあります．生活保護だからなのかと考えることもあります．診察券の裏に生活保護と書いてあるんです．診察券の色までは変えられてはいませんが，これは差別だと感じています．

担当のケースワーカーについて

現在生活保護の担当のケースワーカーにはなんでも相談できます．引っ越した時に，それまで担当だった若い女性の職員が，新しい担当職員といっしょに部屋まで来て，この人に引き継ぎますので，と紹介してくれました．福祉課からも担当者や民生委員が変更になる旨の通知が届きました．とても丁寧に応じてくれるので，福祉課には恨みはありません．

生活保護基準引き下げ違憲訴訟の原告として

原告になったきっかけは，やどかりの里で開かれていた生活保護をテーマにしたミーティングに参加したことです．参加しているうちに，いろいろな人からいろいろな声を聞いて，これはやらなきゃ駄目だなという気持ちになりました．裁判では原告の言い分を聞くだけで，国側の答えが返ってこないんです．なんで返ってこないのかなと思います．いつも答えが弁護士のほうへ行って，弁護士からこういうことだからという報告があります．

それと，今の日本ではこうした裁判は10年，20年はあた

りまえですよね．外国のようにもっとスピーディにできないのかなと思います．でも，もし裁判に負けたとしても10年かかってもやるしかないのかなと思っています．一度弁護士に「負けたらどうするんですか」と聞いたことがあります．弁護士は「負けても世論が動いて元に戻ったケースもあるから，最後までやらなきゃ駄目なんだよ」と答えてくれました．それなら10年かかってもやるかと思ったわけです．埼玉県と言ったら大きすぎますが，さいたま市のみんなのためにも頑張らないといけないなと思っています．
※現在は生活保護基準引き下げ違憲訴訟の原告ではありません．

原告として小さな一歩を踏み出す

三浦紀代子

63歳．ひとり暮らし．やどかり情報館で週5日給食サービスに従事．その他に講師活動も行っている．

夫と離婚して生活保護受給

　生活保護の受給を始めたのは23歳の時でした．夫と離婚することになって，実家暮らしになりました．実家と同じ敷地内にある機織り小屋（はたお）で生活することになり，離婚が決まる前の4月頃申請しました．世帯分離のために別棟に暮らして，独立した世帯とみなしてもらうためです．その時の生活保護の担当者から「家族で援助してくれる人はいませんか」と聞

かれましたが，親の援助は期待できませんでした．姉のところにも資産調査が入りました．姉が働きながら1か月1万円の託児所に子どもを預けていたことで，「その1万円で妹の世話ができるじゃないですか」と言われたのですが，姉が働けなくなるので断りました．申請が通ったのは11月でした．その時もいろいろありました．4月からの分はおりますが，もらわないのにもらったという書類に判子を押してもらえば，あとは順調におりてくるからとのことでした．

生活保護を受給してからは，子ども2人を連れて，実家の近くに家賃1万円のアパートを借りました．生活保護費は7万円でした．6か月に一度，扶養手当として3万円支給されました．

私が初めて生活保護を受給した40年前には病気の重い人は生活保護でも電話を引くことが認められていました．その当時の私は交通事故の後遺症のために寝たきりで，電話を引きたかったのですが，福祉と家族の折半で出そうという話が，全額福祉でという話になり，全額福祉では入れられない，ということで電話を引くことができませんでした．電話が入ったのは，39歳で大宮に来てからです．すぐに入ったわけではなく，それまでは近くの公衆電話を使っていました．

節約，節約の生活

生活保護で暮らしつつも，子どもたちの将来のためにかなり苦労してお金を貯めました．

まずお風呂代を浮かせました．お湯を沸かしてぬるま湯をたらいに入れてお風呂がわりにしたり，洗濯機風呂といって，洗濯機にお湯を溜めて子どもを入れ，コンクリートのところ

で石鹸を使って洗っていました．共同風呂はあったのですが，お金がかかるので使いませんでした．

　お金がない時はお米が買えないので，1本10円の大根を何本か買ってきたり，サツマイモも100円で大きい袋に入っているのを買ってきたりして，食べていました．

　その後，実家から少し離れたところにアパートを変えました．そのアパートはお風呂付きだったので，お風呂に入ることができました．少しでもお金を浮かせようと，荒れていた土地を耕して，石や木の根っこを取り除きつつ，家庭菜園をやりました．アパート代は1か月1万円でしたが，交通費がかかりました．それと教会に通うようになり，毎月，8,000円を献金していましたが，それでも60万円貯めることができました．アパートは3回引っ越しました．1回目は親戚の一軒家，2回目は最初に住んだ同じアパートでした．

　苦労して貯めた60万円でしたが，ある時，姉が来て，お金を貸してとお願いされ，母に内緒で全額貸してしまいました．そのお金は返ってきませんでした．姉に貸したお金は，息子たちが成長する時期にお金がかかると思って貯めていたお金だったので，その後の生活はほんとうにたいへんでした．

　息子は1か月に数センチも背が伸びて，下着から服まで年に何回も買い直さなくてはいけなくて，その時の食事は毎日すいとんでした．鶏がらを買ってきて，スープをとって，身をほぐしてお粥に混ぜて食べていました．

　その後，前にいたアパートに戻ることになり，敷金，礼金を払うお金がなくて，息子が新聞配達をして貯めたお金で，アパートを借りました．その時働いていた会社は6か月続いていて，正社員になれる時でしたが，息子の高校進学を機に

埼玉に行くことになり，退職しました．

　田舎から子ども2人を連れて大宮に出てきて，生活保護から脱却しようと思っていました．子どもに働く姿を見せたくてあの手，この手，いろんなことをしたのですが，肝機能を悪くしたり，胃潰瘍になったりして，いつも6か月で仕事を断念していました．

　その時は，すでに精神疾患の薬も飲んでいました．1か月に一度，仕事を休んで1日がかりで病院に薬をもらいに行かなければならなかったので，病気のことを開示して働いていました．

生活保護への偏見

　埼玉に来て間もなくして，息子は昼間は学校，夜は働く生活をしていました．私も息子と同じ会社に就職しましたが，息子が会社を辞めてしまい私は生活するためにもっと給料のよい会社に就職しました．しかし，体調を崩したため会社をクビになり，次の仕事を探している時に入院させられました．その時は，失業保険をもらって入院したのですが，それがなくなり生活保護に切り替えました．

　生活保護を受給していることは家族に迷惑かけて申し訳ないと思いました．この時の担当者は厳しい人だったので，あまり愚痴をこぼしたことはありません．

　でも，生活保護を受給していて，嫌な思いをしたことはたくさんあります．例えば，岩手にいた時，子どもの学校に授業参観に行ったら，他のお母さんたちから「学校に来るぐらい元気だったら働け」と言われました．子どもが保育園に入る時も，私が家にいるなら子どもの世話ができるから入れら

れないと言われたりもしました。その時は、交渉して交渉して、なんとか入れるようにしてもらいました。子どもが保育園に行っている間に、洗濯したり、薬を飲んだりして、寝ていることもありました。

生活保護は担当者によって扱い方がまったく違います。大宮に来てから、ある職員には「もっと給料のいいところに一般就労しなさい」と言われました。「火曜日から土曜日まで作業所に行っているのでできない」と言ったら、「もっと賃金の高い作業所に行きなさい」と言われました。それでも「できない」と言うと、「生活保護が切れたらどうするんだ」と脅されました。

市内の別の区に引っ越した時も、ひと悶着ありました。すでに受給しているから、そのまま受給できると思っていました。「最初から調べ直しますから、早くても6か月はかかりますよ」と言われ、驚きました。でも、結局は1か月で申請が受理されました。

また、田舎でも厳しい人はいて、家に来ると必ず隣の部屋の押入れまで開けて見る人がいました。高価な品物を持っているんじゃないかとか、寄付を受けているんじゃないかとか、そんなふうに見られていたのだと思います。

生活保護には級地制度（発生する生活水準の差を生活保護基準に反映させる）があります。都会のほうが生活保護費は高いですが、物価も高く、生活するのはたいへんでした。

生活保護の医療扶助

医療費は生活保護で負担してくれています。医療扶助といいます。精神科を受診する時には自立支援医療という制度が

あり，1割の自己負担分は区役所で手続きすれば医療券はいりません．

　他の病気で病院を受診したい時は，医療券が必要です．例えば，私は腰や歯の治療をしていますが，行きたい病院を調べて，区役所に受診してもいいか確認をとります．生活保護には指定医療機関があり，受診したい病院があっても，かかれない場合もあります．確認して医療券をもらい，受診します．薬をもらうにも調剤券をもらわなければならないのです．申請する時に担当者からジェネリック（新薬の特許が切れたあとに販売される，価格の安い薬）にしてくださいと言われます．

　医療券は毎月もらいに行きます．前の区にいた時は同じ症状が6か月ほど続いたら，「医療券を送っておくから，どうぞ行ってください」と言ってくれたのですが，今の区に来てからは，「あなたお金かかりすぎだから，行くのをやめるようにできませんか」と言われました．

　私の場合は，急に体調が悪くなったとしても，病院に行く前に一度区役所へ寄って医療券をもらってこなければなりません．現金で10割払える状況にあるなら，病院の窓口で10割払って，あとで医療券をもらい，払い戻ししてもらうこともできますが……

　医療券で病院を受診すると，一度かかった病院からなかなか別の病院に変えることができません．以前，ある歯医者にかかったのですが，歯を頻繁に抜く病院だったので，これは駄目だと思って区役所に行って談判しました．でも，なかなか変えてもらえなくて，何回も交渉してようやく変えてもらったことがありました．

保護基準引き下げで苦しくなった生活

　前に住んでいたアパートは家賃が5万円だったのですが，家賃には水道代が含まれていました．今のアパートはそうではありません．生活保護なので水道代の基本料金は免除されますが，電気代は3,000円かかります．今のアパートは料金の高いガス会社と契約しているので，ガス代が高いです．作業所に行く時の交通費も以前は出ていたのですが，今は出なくなりました．

　最近大きな病気を経験し，やどかりの里の保健師から「おかずを少なくても3品とお味噌汁を作って食べてください」と言われています．毎日おかずを3品作ることはたいへんなことで，ご飯もほんとうは玄米ご飯がいいらしいのですが，玄米を買うお金がなく，安いお米を買って食べています．新たに病気が見つかりました．その病気は油ものは食べてはいけないのですが，以前からの病気は油ものを取らないと駄目なので，調整しながら栄養バランスを考え，食費はなるべく節約しています．外食をやめたり，お菓子や果物は買わないようにしています．それでもお金はなかなか貯まりません．

　生活保護費の引き下げになる前は1年ぐらいかけて少しずつ貯めて，貯まったお金で田舎に帰っていました．最近になってテレビが壊れて映らなくなり，夏の終わりにはクーラーが壊れ，クーラーも買いたいし，テレビも直したい．母が亡くなって3回忌だった時も，お金が貯まらず帰れませんでした．毎月生活費がギリギリで，次の生活費が入るのを心待ちにするような生活になりました．

生活保護基準引き下げ違憲訴訟の原告に

　最初は生活保護基準引き下げ違憲訴訟の原告になる気はなかったけれど，田舎にいる友だちが，「生活保護だけれど生活するのがたいへんなんだよ」と言うのを聞いて，施設を利用していない人で困っている人がいることがわかり，私が小さな一歩を踏み出すことによって，少しはその人の励みにもなると思って原告になりました．

　原告になって，さいたま地方裁判所での口頭弁論期日が開かれて，毎回参加してきました．担当の弁護士さんとの打ち合わせや集会に参加したりして感じたことは，行政の人は生活保護で生活している人のほんとうの苦しみはわからないんだということです．

黙っていられない，裁判で闘う

佐藤　晃一

51歳．ひとり暮らし．エンジュややどかり情報館で働く．

親から独立するために生活保護を

　私は生活保護を受給する前から，親と離れて1人で暮らしたいという願望が強くありました．いつの間にか病状が進んで，病院から一生出られないのではないか，親からも管理さ

れていると思うと，ますますひとり暮らしをしたいという気持ちが生まれてきました．やどかりの里に来たことが家族から離れて暮らすことになるきっかけでした．

やどかりの里にたどり着いたのは，数年診てもらった主治医が，いろいろな資源を使うほうがいいと「さいたまに住んでいるんだったら，やどかりの里へ行ってみたらどうか」と提案してくれたからです．

生活保護を受給する前は父親と2人で浦和市（現在はさいたま市浦和区）に住んでいたのですが，その時は父と一触即発といった感じで，いつもお互いピリピリしていました．「なんかもう疲れた」と思う日々が多かったです．

その後，さいたま市内で一度引っ越してから，急に話が進み始めました．引っ越した先のすぐ近くに浦和生活支援センター（現在の浦和活動支援センター）があって，そこに行くことになりました．主治医からも「うん，そういう場所を利用しなさい」と言われました．「生活が成り立たないなら生活保護という手も使うしかないね」とも言われました．保健所の保健師もはっきりは言いませんでしたが，「いずれも1人で生活しなくてはいけないのだから，早めに親元を出たほうがいいのではないか」とアドバイスしてくれました．

そこで，近くの福祉事務所に4回か5回行ったのですが，最後の2回は居留守を使われて，まったく会ってくれませんでしたし，1回目は「まだ30代で若いから働ける」「障害もってる人だって働けるんだから，君もちゃんと働きなさい」と言われてしまいました．「できないからお願いしているんです」と言ったらひと悶着あって，担当の人から「もう電話かけるな」と言われ，電話をかけても切られてしまうといった

状況でした．

浦和から大宮に移り住む

　こうした状況を浦和生活支援センターで話したら，何人かの人が「それなら大宮に行けばいいよ」とアドバイスしてくれました．大宮ならやどかりの里のこともよくわかっているし，思い切って浦和に住むことを諦めて，大宮に行くことにしました．アパートを見つけたら，すぐ生活保護の申請をしようと思って探し始め，1軒目の不動産屋で条件の合うところが見つかったので，そこに決めました．住宅扶助以内のアパートで，働いているエンジュ（高齢者へのお弁当を作って配達する仕事，やどかりの里就労支援事業所の1つ）から歩いて20分から30分のところ，支援センターも歩いて20分から30分のところがいいなと思っていたら，そういう場所が見つかったので，運が良かったと思います．

　その後，1か月から2か月生活してお金がなくなってしまったので，大宮市（現在のさいたま市大宮区）の福祉事務所に行きました．そこは浦和市と違って，活気に溢れていました．担当者からは「やどかりの里の人だったら，今度担当の職員と来てくださいね」と言われ，職員に来てもらい，福祉事務所の担当者と父と合わせて4人で面談しました．父にはもう私の面倒を見る能力がないことがわかり，それから2週間から3週間後には生活保護の決定通知書が来て，支給額が書かれていました．「1回目は取りに来て」と言われましたが，その後は銀行口座への振り込みになりました．浦和市ではどうにもならなかったことが，大宮市に来たらとんとん拍子で話が進んでいきました．

ひとり暮らしで感じる不安

　そうしてひとり暮らしが始まりました．最初は友だちが物を持って遊びに来てくれて，困った時は支援センターに行けばいいと思いながら，1人の生活を自由に謳歌していました．やどかりの里で活動していくうちに，生活保護を受給している人の話を聞いたり，いろいろな話を聞いたりして，自分にもこれができるんじゃないか，あれができるんじゃないか，という自信につながるものが出てきて，自信がついてくる自分にホッとしました．でも，反対に，やっていることを放棄したくなってしまうような時もあり，複雑です．でも，自分の自由な生活ができるということで，自分でなんとかやろうと思うようになりました．

　生活保護で1人で暮らしていて怖いことは，いざという時，例えば大地震があった時などに避難所にたどり着けるだろうか，熱中症やその他の病気で孤独死してしまうのではないかということです．もう1つ悪影響だと感じているのが，孤立感が時々あることです．ついつい電話やメールに頼ってしまい，毎日何時間も電話してしまうことです．ひとり暮らしをしてから，ずっとそういう生活が続いています．

生活保護費の使い方の内訳

　私は生活扶助費を2014（平成26）年4月まで9万9,500円もらっていました．皆さんも知っているかもしれませんが，8月には1,520円引かれて9万7,800円になってしまいました．ただでさえ生活が苦しいのに，これ以上下げられるということは私にとってはとても苦痛なので，不服審査申し立て

でも何でもしていきたいと思っています．

　生活保護費の使い方の内訳ですが，いちばん多く使うのが食費で，飲み物代を含めると，夏は5万円を超えてしまいます．次に高いのが電話代で携帯電話でこれが家計を苦しめています．電気代は3,000円から5,000円ですが，暑い夏は電気代もかさみます．あとはガス代は3,000円以内で収まるし，NHKの受診料や上下水道代が生活保護を受給している人は免除になります．新聞代が約4,000円，雑費が1万円から3万円の間で食費に変わったり携帯電話代に変わったりしているというのが，私の今の生活の実態です．

　私が生活保護で1つ納得がいかなかったのが，収入充当額のところに障害年金も含まれ，それとエンジュとやどかり情報館（出版・印刷・ピアサポート・農園事業を行うやどかりの里就労支援事業所の1つ）で働いた給料と併せた金額が差し引かれてしまい，「もうちょっともらってもいいんじゃないかな」という疑問をもっていることです．生活費の中に障害年金が全額組み込まれるということにひじょうに不信感をもっていて，一部ならわかるけど全額はないでしょうと言いたいです．この10年間，住宅扶助費がほとんど変わっていないという実態もひどいと思うんです．相場は5万円くらいなのに，今4万5,000円で探せっていうほうが難しいです．

生活保護は生きるための手段

　就労支援で就労できなかった人しか生活保護を受給できないという制度もおかしいと思っていて，私の仲間にも，将来的には生活保護を受けて生活したいという人がいるんですけれども，この法では自分は生活保護になれないと言っていま

す．

　もう1つ感じていることは，生活保護を返上したい気持ちはあるのですが，それに見合う金額がなかなか稼げないことです．もし病気を開示して就労したとしても「意外と仕事って孤独だよ」「それに耐えられますか」と言われるので，自信がありません．今の生活を維持するには，最低21から23万くらい稼がないと，税金を払うことも考えると成り立たないと思っています．蟻地獄のように足元がどんどん失われていくような感じがしています．

　私は生活保護を生きるための最後の手段として使ったので，制度を改悪して全体の96％の人の生活保護の基準を下げるというのは暴挙だと思っています．

親だけでなく親族まで調査されるのは納得できない

　生活保護を受給する時に，母のほうに月に1回から2回，「息子さんのために何千円でもいいから出せませんか」という電話や手紙が来て，仕舞いには貯金通帳の財産とか，住宅が持ち家か持ち家じゃないかとか，そういうことまで書かされる文書がうちの両親と弟，妹家族にまで届いたそうです．生活保護を受給するハードルはとても高いのに，今度は兄弟姉妹にまで負担させようとするのはひどいと感じています．結局弟と妹家族の場合は，まだ家も財産もないし，弟は転勤族だから転勤族と書いておくということにしました．

　親族への照会がこれ以上増したらどうなるのか，疑問を感じています．

困った時は家族に頼る

　数年前に大宮東部生活支援センター（現在の見沼区障害者生活支援センターやどかり）の職員といっしょに福祉事務所の担当者と会い，どこまで貯金が認められるのか話し合いました．担当者は「生活保護費の範囲内なら認める．通帳が残っていても文句は言わない」と言いました．「それはずっと続きますか」と聞いたところ，「私はそうだけども，他の人だとわからない．だけど生活保護範囲内なら，私は貯金はオーケーです」との回答をいただいたので，多少は貯金があります．

　でも，もし万が一何か困ったことが起こって，急な出費が必要になった場合は，妹に電話をかけて「今こんな状態なんだけど」と話して，妹に頼ります．社会が支えると言いながらも，最終的には家族に頼っています．弟や妹が私を相手にしなくなったら，私の生活は一気に厳しくなります．

生活保護基準引き下げ違憲訴訟の原告に

　2012（平成24）年5月自民党のある議員が，芸能人のお母さんが生活保護費を受給していることを問題にして，大々的に生活保護バッシングを始めました．マスコミなども連日この問題を報道し，生活保護の基準を引き下げる動きが活発になり，2013（平成25）年度から生活保護基準が引き下がることになりました．

　生活保護費の基準引き下げについて職員やメンバーと話をしている時に，審査請求や裁判という方法があることを知りました．生活保護費の引き下げで，自分の生活が歪んでしまうと思い，審査請求をすることにしました．審査請求しても，

行政からは却下され，再審査請求では，厚生労働省で口頭陳述を行いました．しかし，それも却下されてしまいました．そして，裁判しかないと思い始めて，施設長に相談しました．自分の生活が脅（おびや）かされているのに黙っていることはない．今黙っているとこれからもっと強引な方法で行政は手を打ってくると思い，生活保護基準引き下げ違憲訴訟の原告となることを決めました．

　原告になる時に，父親にも相談しました．最初は，難しそうな顔をしていたけれども，最後は「あなたの決めたことだから自分の信じた道で，行動しなさい」と言われ，理解してくれたと思いました．妹にも聞いたら，「やってもいいけれど，迷惑だけはかけないで」と言われました．生活保護の調査で福祉事務所から2年か3年に1回は通帳のコピーを出すように言われるらしく，迷惑をかけているんだと改めて思いました．親も毎年通帳の終わりのページのコピーを出しているそうです．他のメンバーも自分と同じような状況だったので，そこまで行政はやると思うと，生活保護って何か特殊なのかなと感じました．私としては，生きるため，生活するために必要な措置だったし，工賃と障害基礎年金だけでは生活できないので，決して生活保護悪しじゃないことを言いたくて，原告に加わることにしました．

　原告に加わることで，自分の問題として捉えていたことから，周りの仲間たちの問題としても取り上げられるようになり，社会保障制度や他の問題といっしょに考えることができるようになっていました．

　裁判があとどれくらい続くかわかりません．でも，泣き寝入りせず最後まで闘っていこうと思います．

第3章

私たちの体験
守りたいあたりまえの生活

生活保護は廃止，しかし生活は厳しい

白山　実里
（しらやま　みのり）

37歳．ひとり暮らし．アルバイトで週4日働く．

精神疾患の発症で働けなくなった

　28歳ごろ，精神疾患を発症し，心身の浮き沈みが激しく働けなくなりましたが，家族の支援を受ける気はありませんでした．大学を卒業する22歳までは学費も含めて経済的に支えてもらっていましたし，国民年金料も払ってくれました．そこまでで親からは十分に支援を受けました．

　基本的に成人した人間を，親きょうだいが金銭的に援助するのはおかしいと思っています．援助されている人が悪いわけではなく，成人後もなお親きょうだい任せの国の福祉や労働政策の貧困さにやりきれなさを覚えます．

　私は発病後も親元に戻る気はありませんでした．ただでさえ病気で振り回してしまって，それでも助けてもらっています．だからこそ，これ以上「お荷物」にはなりたくありません．

　生活保護を受けることよりも，独立後に他の誰かから金銭援助を受けることのほうが嫌でした．家族も金銭的に支えられる状況ではありませんでした．

　生活保護の制度については朝日訴訟のことも知っていましたし，当然の権利だと思っていました．

生活保護を受ける時，同じやどかりの里のメンバーの故・堀澄清さんから葉書をいただきました．「日本で暮らす人は，生まれた瞬間から何らかの形で税金を払っている．生活保護を受けることは何ら恥ではない」．まったくその通りだと思います．

親族への扶養照会への疑問

病気になってから，やどかりの里の障害者生活支援センターの職員に生活全般の相談をしており，そこで生活保護の受給についてのアドバイスを受けました．当時は働ける状態ではなく，障害年金だけでは足りず，貯金を切り崩す一方で，遅かれ早かれ経済的に厳しくなるという判断でした．申請時の記憶が曖昧なので断言できませんが，金銭面での相談は，生活支援センターの職員と主治医にしかしていないと思います．障害年金，障害者手帳，その他の制度利用も，医師の理解が大切でした．

申請時に両親ときょうだいには扶養照会があるだろうと思い，生活保護受給の件を伝えましたが，普通に受け止めてくれました．

生活保護の申請時には，圧迫面接のような威圧感を福祉事務所職員から受けました．生活支援センターの職員が同行していなければ，申請書を提出できなかったかもしれません．役所に生活保護者を増やすなという指示が出ているのでしょうか．「ほんとうに受ける必要があるのか，受けなくてもいいのではないか」と何度も確認してきます．病気で弱っている人間にはきつかったです．

また，書類をどう揃えるか，何が必要なのか．すべての貯

金通帳の残高がA万円以下，手持ちの現金がB円以下でないと受け付けてくれないなどということは，支援者がいなければわかりませんでした．「生活保護バッシング」前の私の申請時でもこの有様ですので，現在，どれだけ厳しくなっているのか，わかりません．

　生活保護の申請で，いちばん疑問を持ったのは親族への扶養照会です．成人しても個人として扱われないことに対して，おかしさを感じます．2013年末に国会を通った生活保護法の改正で，生活保護申請時に扶養照会を姻族含む3親等まで行うことになりました．3親等というと，おじ，おば，甥姪までです．関わりが薄い親戚を養えるかという照会が突然来たら，皆さんはどう思われるでしょうか．地方の人間関係の濃い集落などで，その人が今までどおりに暮らし続けられると思いますか．この扶養照会がネックになり，申請を取り下げる人も出ています．私は親戚には生活保護を受けていることを明かしていません．おじ，おばはたくさんいるので，扶養照会されるのはひじょうに嫌です．

生活保護バッシングの影響

　生活保護に対する「引け目」というか「しんどさ」を感じたのは，お笑い芸人へのバッシング（23ページに詳細）からです．たまたま謝罪記者会見の様子を病院の待合室で見てしまい，具合が悪くなりました．

　生活保護バッシングにおける国会議員やマスメディアの果たした負の役割．大半は，制度内容や制度趣旨を理解して報道したとは言えないものでした．一度報道した内容を覆すのはたいへんですが，まったく誠実さに欠けていました．

生活保護制度は社会保障の一制度にすぎないのに，利用することが悪いことかのように言うのはおかしなことです．
　私は，生活保護を受けていることは，両親ときょうだい（弟，妹），親しい友人3人ほどにしか話していません．この中の1人の友人が，テレビや週刊誌，ネット上で流布されている主観的で冷静とは程遠い意見を鵜呑みにし，ショッキングなことをたくさん言ってきました．
　「食べ物が配給になるかもよ」「お笑い芸人の不正受給疑惑は，生活保護受給者が潔白を証明しなければいけない」など……．本人に悪気がないところが質の悪いところです．マスコミの影響力の大きさに愕然としました．異なる意見は一切受け付けず，事実確認をせず，考えることをやめ，自分の意見が正しいと思い込んでしまうのはとても恐ろしいことです．それは誰にでも起こり得ることなので，注意しなければならないと強く思いました．病気になった時も支えてくれた友人だけに，ひじょうに悲しかったです．

生活保護は窮屈

　私は生活保護を利用することについては，特に罪悪感はありませんが，生活保護から抜け出したいとは思っていました．生活保護を受給する前から，障害年金と自分の稼ぎで経済的自立を図ることを長期目標にしていたからです．働くことにこだわるのは，仕事をすることで自分自身が成長できるからです．私の場合は，働いていないと人間的に駄目になってしまう気がします．
　生活保護は窮屈に感じます．私の場合はまず福祉事務所のワーカーにそれを感じます．おそらく訪問回数は少ないと思

いますが，半年に1回ぐらい来るワーカーを迎えるために，家の中を整えなければいけません．具合が悪い時は片づけられないので困ってしまいます．ワーカーは玄関先ではなく，室内に上ってきます．担当はいつも男性で年下のワーカーです．室内に干してある洗濯物やいろいろ見られたくない物があるんです．男性を部屋の中に入れて面談しなくてはならないということが嫌です．

また，ワーカーに親と電話連絡を取っているのか，ということを聞かれるのが嫌です．今は3人目のワーカーですが，前の2人にも訪問のたびに必ず聞かれました．役所で障害者手帳の更新をした時にも，家族構成と連絡の頻度を聞かれました．保護要件と関係ないと思うので，毎回聞かれるので嫌なのですが，何かあるのでしょう．「精神的援助の有無」として記録されているようです．薬についても毎回聞かれます．飲み薬の種類を聞かれるので，お薬手帳を見せるのですが，意味がわからないと言うので，どのような薬かは私から説明します．これでは意味がない気がします．6か月に一度，私が通院している精神科にもワーカーが行きます．

体調悪化時の受給のハードル

福祉事務所のワーカーには生活の相談に乗ってもらったことはありません．聞かれることは先に例に挙げたようなことだけです．困ったのは，具合が悪い時に精神科以外の場合は，いちいち医者を探さなくてはいけないことです．生活保護でも受診可能な医者を探し，医療券の手配をしなくてはなりません．医療券については，私の暮らす所では郵送が可能なので，病院に後からでもいいですかと聞いて，郵送してもらう

ことができました．その点は助かりました．郵送が駄目な所の場合，具合が悪い時に役所まで行って，医療券を受け取ってから病院に行かねばならず，おかしいと思います．病状が悪化するからです．

　生活保護を受給する際に，共済を解約しなければなりませんでした．精神疾患のある人が加入できる共済を探すのに四苦八苦したので，生活保護を受給でいちばん痛手だったのは，この共済の解約でした．後から別のワーカーに聞いたら，私の入っていたタイプは解約しなくてもよかったようなのです．

生活保護基準から外れて

　2016（平成 28）年 3 月にアルバイト（障害者雇用）で働き始めました．月曜日から木曜日，9 時から 16 時までの勤務です．そして，2016 年 9 月に福祉事務所に収入申告をしたところ，生活保護受給が停止になりました．この時，希死念慮の症状がひどくて，体調が悪く，一般企業でのアルバイトを始めたものの，続けられるか自信がない状態でした．そのため，ワーカーにすぐに「廃止」ではなく，「停止」にして半年間様子を見てもらいました．その後，6 か月後に生活保護は「廃止」になりました．もう少し体調が良くなった状態で，生活保護から外れたかったです．ちょうど生活保護の生活扶助基準の引き下げがあったので，生活保護から外れるのが早まったのです．

今も不安を抱えたまま

　生活保護を受けている時と生活水準はあまり変わりませ

ん．衣類は極力買わない，会社の飲み会は出ないなど，生活費を常に節約する生活を変わらず続けています．

　生活保護を受けられなくなって，私にとっていちばん大きかったのは「医療扶助」と「住宅扶助」の2つが受けられなくなったことです．医療扶助がないので，毎月1万5,000円ほど医療費がかかりますので，現金が減るのが早くなりました．また，月収の3分の1に近い家賃（5万円）を重く感じるようになりました．

　次年度には，課税世帯になるのではないかと思っています．そうすると，住民税，国民健康保険料，水道代，障害福祉サービス費などの減免や減額の対象から外れることになります．ますます生活が厳しくなると思っています．

　2016年から障害年金の等級判定のガイドラインが変わり，判定が厳しくなりました．いつまで障害年金を受給できるのか，強い不安があります．生活保護を受給する前段階に，障害のある人や低所得者が受けられる医療と在宅についての社会保障制度があればいいのにと思っています．

　今後，障害年金が等級落ちによって不支給になったら，再び生活保護制度を利用しなければ生きていかれません．現在の不安定な体調では，これ以上働けないからです．

親から独立，生活保護を申請

黒尾　克己

グループホームに暮らし，エンジュで18年間働いた．
51歳で心不全で急逝（2016年12月）．

親から独立する

　僕が生活保護を受給している理由は，親から独立するためです．僕自身がそう思ったのではなく，親戚の姪からそろそろ独立させたほうがいいんじゃないかと言われ，母もそう思ったというのがきっかけです．

　やどかりの里の生活支援センターの職員にグループホームを紹介してもらい，1か月の体験利用を2回行いました．今もやどかりの里のグループホーム*で暮らしています．

　親から独立して暮らすことについては，周りにひとり暮らしの先輩がいたこともあり戸惑いはありませんでした．でも親から離れて暮らすことに対して，最初は不安で寂しかったですが，それもだんだん慣れてきました．近くにやどかりの里のメンバーが住んでいるので，近所付き合いをしながら暮らしています．

---

*やどかりの里のグループホームには共同生活をする形態とアパートの数世帯をやどかりの里が借りて，そこをグループホームとしている形態がある．

仕事場の近くで暮らす

　実家が埼玉県の蓮田市にあり，そこからさいたま市見沼区にあるエンジュに通っていました．駅まで自転車で15分，そこから電車で10分，その後もバスで……通勤に時間がかかっていました．それなら「エンジュの近くに住んで，ぐっすり8時頃まで寝て，ご飯を食べて，それからエンジュに行ったほうがいいんじゃないんですか」と生活保護のケースワーカーに言われ，そうすることにしました．

　今はエンジュの近くで暮らしているので，テレビのニュースもゆっくり9時，10時まで見られるし，大好きな通信販売の番組を朝方まで見ることができるようになりました．ひとり暮らしは寂しいですが，働くことについては楽になりました．働くペースも五から六分の力で，無理しないようにしています．

生活保護を申請

　生活保護は2年前，やどかりの里の職員に役所にいっしょに行ってもらい申請しました．申請はスムーズに進み，手帳を見せたら，3回役所に足を運んだだけで受給できました．役所の担当者には親の援助を求められましたが，僕が「親の援助は受けられない」と説明したところ，「わかりました」と素直に応じてくれました．親への資産調査が入ったかどうかはわかりません．

　僕はてんかんの他に糖尿病も患っているので，医療費が無料になるのは助かりますが，最初は内科の診察の時に受給者証を見せると嫌な顔をされるのが気になりました．でも，そ

れも2回から3回通っているうちに慣れてきました．精神科のほうはごく自然に対応してくれました．

自分で料理を作ることが目標

現在担当してくれているケースワーカーは，前のケースワーカーに比べると，はっきりものを言います．自宅に来た時も「部屋が汚いね，もうちょっときれいにしなさい」と言われました．訪問は年に1回か2回です．病院にも調査に行きました．2012(平成24)年から現在の担当に代わりました．若い人なので，ちょっと頼りないところもあります．生活保護の基準額が下がったことの影響は特にありません．ケースワーカーと相性が良く，悪い影響は出ていません．

現在の支給額の中から，趣味や娯楽にもある程度お金を使うことはできています．僕の楽しみは食べ物です．ファミリーレストランの799円のバイキングを食べるのが楽しみです．

生活の中でいちばん比重が重い経費は食費です．1日1,500円で生活しています．また，生活保護を受給している人はジェネリック薬を使用することが法律で決定されました．ですが，僕の処方は変わっていません．ジェネリックを使用していなくても，ケースワーカーから何か言われるということもありません．

現在，グループホームで暮らしていますが，自立できているとは思っていません．僕にとっては，自立は自分で料理ができるようになってからだと思っています．自分の食べる料理を毎日作って，エンジュでも自分の作った料理を食べたいです．

生活保護から抜け出して自分で人生設計

服部　直弘　　39歳．グループホームに暮らし，就労継続支援A型事業所で週6日働く．

昼夜を問わず働いた派遣の仕事

　初めて精神科を受診したのが26歳の時です．それまではある派遣会社で働いていました．とてもハードな仕事で，土，日も休まず働いていたので，体調を崩してしまい，精神科を受診することになりました．

　その派遣会社ではダブル，トリプルという働き方がありました．ダブルとは昼と夜，トリプルとは昼，夜，翌日の昼と働くことです．1つの仕事に対して契約するという形で，労働基準法では1日に8時間勤務と決まっていますが，守られてはいませんでした．働きたい人は仕事が入れられるし，お願いされることもあります．私は事務所移転の仕事やドライバー，工場などで働いていました．

　派遣会社で働くようになった理由は，前にいた会社の景気が悪くなり，債権者会議が開かれ，閉鎖することになったためです．

　派遣されてお寿司のデリバリーをしていた時に，一度自損事故を起こしたことがありました．その時に軟骨が折れてしまい，派遣会社は労災には入っていましたので，100万円く

らい支給されました．

　派遣の仕事は昼夜問わず働く仕事だったこともあり，障害者雇用でももう派遣は選びたくありません．

　その後，コンビニエンスストアのアルバイトで朝7時から午後1時まで週5日働き，ひとり暮らしでなんとか食いつないでいましたが，結局実家に戻りました．どんどん動ける範囲が狭くなっていき，入院したのもこの頃です．

やどかりの里との出会い

　やどかりの里を知ったのは，入院中にやどかり出版の就労関係の本を読んだことです．辰村さんの『辰村泰治の七十年』と『働きたいあなたへのQ＆A』の2冊でした．それを読んで，退院したら，こういうふうにやればいいのかなと思えました．もしかしたら，なんとかなるんじゃないかとも思えました．やどかり出版の本との出会いがなければ，もう少し入院していたと思います．

　退院してすぐ，やどかりの里の作業所を何か所か見学して，喫茶ルポーズで働くことに決めました．ルポーズ（喫茶店，菓子製造販売，農作物販売をしているやどかりの里就労支援事業所の1つ）に決めたのは，飲食関係の仕事が好きだったし，経験もあったからです．

　ルポーズで働きながら一般企業の障害者雇用で働くことをめざしましたが，就職活動がうまくいかず現在は就労継続支援A型事業所で働いています．ルポーズには7年間お世話になりました．

　今はやどかりの里のグループホームで暮らしていますが，メンバーとの交流はまったくありません．年齢層が合わない

んです．自分の年齢が高くなれば，交流することもあるとは思いますが，今のところ世間話程度です．何か困ったことがあったら，職員に相談しています．

生活保護受給に抵抗感

　生活保護を受給するようになったのは，精神科病院を退院してからです．もともと親との折り合いが悪く，いっしょにいるだけでマイナスになってしまうので，もう実家にはいられないと思ったことが理由です．親は働かざる者食うべからず，という考え方の持ち主で，少しスパルタすぎたかなと思います．

　生活保護の申請には，やどかりの里のグループホームの職員といっしょに行きスムーズに進み受給することができました．

　生活保護を受給する前は，生活保護の存在すら知らず，まさか自分が生活保護を受給するようになるとは思ってもいませんでした．

　生活保護を受給することは，もらい始めた当時より今のほうが強く抵抗を感じます．買いたいものがあっても，計画性をもたなくてはならず，食費や電気代などを常に意識しながら使わなくてはならないので，贅沢ができません．あとは，病院に行くと常に感じるんですが，医療券を出すので，お釣りがないということが普通とは違う，と意識してしまいます．

　医療券をめぐっては，もめたこともありました．眼鏡を作るため区役所の担当者に言われたとおりにやったのですが，眼科と区役所とのやり取りがうまくいってなく何度も区役所と眼科を行ったり来たりして，すごく嫌な思いをしました．

福祉事務所の職員の態度にすごく左右されることも生活保護を受給していて嫌なことです．例えば，ある年一時扶助が出るという話になり，その額が1万2,000円だと聞きました．それを見込んで新しいマットレスを1万2,000円くらいで買ったんですが，結局，一時扶助は8,000円くらいしか出なかったんです．4,000円マイナスになってしまって，福祉事務所の職員に「お前，言ってることが違うだろう」と言いたかったのですが，それを言ってしまうと懲罰の対象になったり，いろいろトラブルになるので黙っていました．職員が間違ったことを私に伝えたようですが，そこからもうこの職員は信用できないと感じてしまいました．生活保護の制度が複雑すぎて，職員がついていけないのが実状だと思います．
　生活保護受給者へのバッシングには困りました．偏った報道で生活保護受給者は全部悪いみたいな感じになってしまいみじめな気持ちになりました．
　それと，親やきょうだいに援助できませんかと連絡するのはやめて欲しいです．弟に自分が生活保護だと知られたのがいちばんショックでした．
　生活保護を受給してよかったことは，お金に対して計画性をもつことができたことです．どうすれば買えるかということを考えられるようになりました．悪いなと思ったのは，友だちの誘いに選んで参加するようになったことです．

生活保護基準引き下げによる影響

　最初は700円ぐらいでしたが徐々に減らされ今は6,000円弱カットされています．お金に余裕がないので，休みの日はほぼ寝ているか，お金のかからないユーチューブを見て過ご

しています．ほんとうは映画を観に行ったり，喫茶店に行ったりしたいのですが……

食事はほとんど自炊で，外食は給料日の時だけです．食材を安いところで買ってきて1食100円で抑えるようにしています．洋服はフリーマーケットに行って安く買っています．電気代も節約していて，夏の暑い時でもエアコンの設定温度を28度にして扇風機を回しています．

生活保護から抜け出したい

今後の目標として，生活保護から抜け出して低所得者層に移って，そこで生命保険に入って将来に備える，ということを考えています．ある程度，自分で人生設計ができるようになりたいと思っています．生活保護だと国の計画に従わなくてはいけないので，振り回されてしまうことが嫌なんです．でも，生活保護から抜け出して果たして生活できるのかという不安もあります．それでも，障害者雇用で働くようになって，手取りの金額が生活保護と変わらなかったら，生活保護から抜ける道を選ぶと思います．

今欲しいのは，油なしで唐揚げが揚げられる調理器具，テレビ，ソファー，電気自転車です．自分の好きな時に好きなものが買えるような生活ができるようになりたいです．

人生の転換点となった生活保護受給

門田　俊彦

57歳．ひとり暮らし．エンジュで週5日働く．

ホームレス直前に生活保護受給

　僕は20歳の頃から家を出てひとり暮らしをしていました．いろいろな仕事をしましたが，病気によるものなのかどこも半年でクビになり，職を転々としていました．

　30代の頃に住んでいた神奈川県では，生活に困り，何回も役所の福祉課を訪ねましたが，「お前は働けるんだから働け」と言われ，生活保護を受給することはできませんでした．

　その後，35歳の時にある宗教団体に入り住み込みで活動していましたが，40歳でやめて大宮に移り住みました．なかなか就職活動がうまくいかずお金がなくなり，事情をアパートの大家さんに相談したところ，民生委員の人を呼んでくれて，面談をしました．

　民生委員の人は，今の状態であれば生活保護は受給できるからと言ってくれて，福祉課に私の状況を説明しに行ってくれました．そのおかげで後日僕が申請に行った時はスムーズに話が進みました．

　生活保護の受給については，以前は僕自身生活保護に対して偏見があり，生活保護になると世間から変な目で見られるんじゃな

いかと思っていました．でも，一般就労してどこへ行っても続かず，生活保護を受給できなかったらホームレスになるしかない，というところまで追い詰められていたので，申請することに抵抗はなくなっていました．

　今は生活保護を受給して肩身が狭いという時代でもないと思っています．ただ病院によっては生活保護お断りという病院もあって，僕も実際に内科の病院に行った時に受付で断られ嫌な思いをしました．

親や兄弟への扶養照会

　生活保護の申請の際，最初は受給できると言われたのですが，親が僕に生命保険を掛けていたことがわかり，「解約しないと生活保護は受給できない」と言われました．親に言って生命保険を解約し，1か月か2か月経ってから再度申請に行ったところ親に援助してもらうように言われました．だけど親子関係で無理だと話しました．ある日，親に「何で迷惑かけるんだ」と言われ，何のことかわかりませんでしたが，親にも兄弟のところにも援助してくださいという知らせが役所から来たらしいです．

　僕の父親は一度離婚して，現在は2人目の母親なのですが，市役所の人から「あなたもう1人お母さんがいらっしゃいますね」と言われ，「その人の住所わかりますか」と聞かれました．「いや，ちょっとわからないんですけど」と答えると，「じゃあ調べておきますから」と言われてしまいました．簡単に調べはついたようで，長く会っていない母親にも連絡がいったようです．

　今でも毎年，親や兄弟には葉書が届くようです．親や兄弟は葉書が届いたら何て書こうか迷うらしいので，援助できませんと書いておいて，と言ってます．

担当ケースワーカーによって違う対応

　生活保護を受給すると、担当のケースワーカーがつくのですが、担当者によってほんとうに対応が違います。親切に話を聞いてくれる人もいれば、ちゃんと聞いているのかどうかわからない人もいたり、ケースワーカーと喧嘩したこともありました。若い人が担当だった時に、自分では普通に話したつもりだったのに、ケースワーカーが怒り出し、それで僕も怒って前の担当のケースワーカーが止めに入ったんです。

　ケースワーカーの訪問に対して僕は、「部屋が汚れてますけど」なんて言うことがあります。そんな時は、「ああ、別に構いませんけども」とケースワーカーが答えます。わざわざ繕ってケースワーカーが来る時だけ掃除するのも嫌なので、ありのままを見せています。

エンジュで無理なく働く

　生活保護を受給してから17年になります。12年前からやどかりの里にもお世話になっています。

　宗教団体に所属していた時は知的障害者だと思われていました。それで、大宮に移り住んだ時に知的障害者を対象とする生活支援センターの職員に相談していたのですが、ある時、知能検査を受けてみたら結果は正常でした。生活支援センターの職員に「君は知的障害者じゃないから、やどかりの里につながったほうがいいよ」と言われ、やどかりの里の大宮中部活動支援センターに連絡をとったのがきっかけです。

　僕はてんかんがあり、精神科に43年かかっていますが、てんかんがあっても働いている人はいるので、父親には「何で働けな

いんだ」「何ですぐクビになるの」「喧嘩でもしてるんじゃないか」などと言われており，働けないのは僕がいけないのかなと思っていました．

やどかりの里に来てからは，大宮中部活動支援センターでおしゃべりを楽しんだり，CDを聴いたりしていました．そのおしゃべりの中で，職歴に関しては，僕と同じように職を転々とした人が何人かいて安心しました．

その後，大宮中部活動支援センターの職員に，宅配弁当づくりをするエンジュという働く場があるのでやってみないか，と声をかけられました．一般就労で失敗した経験が頭をよぎり，エンジュに行ってもやっぱり失敗するんだろうな，との思いから，最初は断ったのですが，その職員に何度も誘われ，2010（平成22）年にエンジュで働くことにしました．

見学をした後に実際の仕事を経験してみました．30分で腰が痛くなりましたが，仕事はなんとかできそうだったので，週1日の30分から始め，現在は週5日12時30分から15時までの2時間半で，主に食器洗いの仕事をしています．

エンジュは無理しない範囲で働かせてもらえるので，いい職場だと思っています．

生活保護だと引っ越すのもたいへん

現在のアパートは前に住んでいたアパートが取り壊しになるために探しました．

2017（平成29）年4月に突然大家さんから全住民に対して，「相続のため，建物を壊して更地にしますので退去してください．引っ越しに関しては，某建築会社系不動産屋に任せておきます」と書いた手紙がアパートのポストに入っていました．不動産屋の営業

担当者が，夜アパートの全住人に引っ越しの件であいさつに来ました．

そこでは，「住む場所，費用，間取りなど，なるべくそれぞれの希望に応じるようにします」と言っていましたが，なかなか希望の物件をもってきませんでした．僕は生活保護ということもあり，自分で引っ越し先を探しました．しかし，最初に行った不動産屋で4月だったら空き物件はあるが5月以降はないと言われたので，前に行ったことがある不動産屋に行ったら良い物件を探してくれました．

引っ越し先が見つかったので，引っ越しにかかる費用を福祉課に出してもらおうと行きましたが，「大家さんの都合なので大家さんに出してもらってください」と言われてしまいました．その場で大家さんに電話すると「不動産屋に任せてあるので，そこに頼んでください」と言われ，不動産屋に電話すると，「お金は出せません」と言われたので，福祉課の担当者に電話を代わってもらいました．

その後，新しい引っ越し先を探してくれた不動産屋と前のアパートの不動産屋さんで何度もやり取りをして，お金が出ることになり，やっと引っ越すことができました．

自由な暮らしで充実した日々

2014（平成26）年8月から段階的に生活保護基準額の引き下げがありましたが，生活自体あまり影響はありません．食事も変わらず昼はエンジュのお弁当，夜はコンビニエンスストアやスーパーでお弁当を買っていて，自炊はしていません．

読書やDVD鑑賞したりCDを聴いたりと，趣味にもある程度お金は使っています．

生活保護費の金額はある程度決まっているので，いっぺんに引き出さないで少しずつ引き出して，お金が少なくなってきたら，お金が入るまであと何日で大体1日いくら使ったらいいかと計算してお金のやり繰りの工夫をしています．ただ電化製品などが壊れて新しい物を買う時などは，かなり食費を切り詰めなくてはいけなくなります．生活保護だとなかなか貯金ができないからです．

　生活費に関しては，生活支援センターに相談するのではなく，自分で管理しています．

　ひとり暮らしは寂しい時もありますが，実家に住んでいる頃は管理されていたので，その頃に比べると自由気ままにできるのが嬉しいです．

　今は女友達がいるので楽しいし，支えになってくれます．彼女は「私は，何にもできない」と言っていますが，毎日電話できるだけでも支えになります．

　エンジュで働いていることがいちばんの張り合いになっています．これからもエンジュで働きながら自分の才能で収入が得られて生活保護から脱却できるようになればと思っています．

もうこれ以上生活保護費を下げないで欲しい

　政府の方針では，2018年度から生活保護費のうち食費や光熱費にあてる生活扶助が引き下げられようとしています．また下げられるのかと思います．今までも苦しかったのに，また下げられたらほんとうに生活が苦しくなってしまいます．

　機会があれば生活保護基準引き下げに反対する集会に参加したり，国会議員の事務所を回り生活保護費を削減しないように陳情したいと思っています．

働きながら生活保護を受給

渡邉　千恵

49歳．ひとり暮らし．やどかり情報館ピアサポート事業部に所属し，サポートステーションやどかりで週3日働く．

仕事と学校，そして発症

　病気を発症したのは21歳の時でした．20歳で専門学校を卒業後，パチンコ屋で働いていました．その頃に幻聴が聴こえるようになりました．「死ね」とか「辞めろ」という声が聴こえていたのですが，自分では正常だと思い込んでいました．周囲の人が異常に気づき，母が会社に来て，強制的にその会社を辞めさせられ，北浦和の社会保険病院に何回か通院した後，大宮厚生病院に入院することになりました．21歳から25歳まで入退院を繰り返していました．

　病気の兆候は既に20歳頃から出ていました．その頃は母と妹との3人暮らしで，専門学校の就職活動の時は担任の先生に面倒を見てもらっていました．一般企業に就職できる予定でしたが，アルバイトのほうが収入が得られると思い込んでいて，パチンコ屋でのアルバイトを選んでしまいました．そこでの収入は月20万円以上でした．

　パチンコ屋に採用された時に，店長には「あなたはおとなしめな方だから，考え直したほうがいいんじゃないですか」と言われました．しかし，パチンコ屋に運命的なものを感じてしま

い，ここだったら自由にできるんじゃないかと思って，半年間ほど働かせてもらいました．

ただそれが発症の引き金になっていたかもしれません．専門学校に通いながら働いていましたので，朝7時から午後3時半まで学校に通い，夕方の5時から11時半までパチンコ屋で働くという生活を送っていました．帰宅時間は深夜1時，2時，睡眠は4時間から5時間という生活でした．

働き過ぎていたと思います．人間関係もギスギスしていたので，働いていたパチンコ屋の店長に紹介され，東京の錦糸町のパチンコ屋に移りました．学校も卒業しており，朝8時から夕方6時まで週6日勤務していました．幻聴が聴こえ始めたのもその頃です．

理解ある隣人たちに囲まれて

両親は，私が20歳の時に離婚し，母と2人で外出した際に母が突然倒れたのです．3か月間意識が戻らないまま54歳で他界しました．私は28歳になっていましたが，当時17歳の妹と2人暮らしになり，ホテルの裏方の仕事に就き，週4日働きました．拒食症になり半年間で20キロも体重が減ってしまいました．収入が不安定なので，叔父に勧められ生活保護を受給しました．その後，妹が高校を卒業して就職するまで生活保護を受給していました．

その後，妹の結婚後ひとり暮らしになり，再び生活保護を受給するようになりました．同じアパートに20年ほど暮らしたことになります．大家さんはとても良い方で，親のように気にかけてくれて，とても助けられました．野菜や果物ができれば持ってきてくれて，数日家を空ける時も「この日はちょっと旅

行に行きますので、家のことお願いします」と大家さんにお願いして出かけていました。

　私が発病した時に大家さんにご迷惑をおかけしたので、母が亡くなった時にはもうこのアパートには住めないと覚悟していました。でも、近所に住む叔母が頼んでくれて、住み続けることができたのです。大家さんは病気のことを理解していて、「今でも病院に通っているの」と聞かれ、「はい、精神科に毎月1回通ってます」と話すと、「もう周りからだと普通の人に見えるわね、でも薬はちゃんと飲んでるのね」といったやり取りもありました。母は活発で明るい人でパートを掛け持ちして仕事も頑張っていました。母が大家さんはじめ近所の人との交流を大切にしてきたことが、そのアパートでの暮らしやすさにつながっていたと思っています。

生活保護を受給して暮らす

　31歳の時、主治医にやどかりの里を紹介され、北浦和にある生活支援センターに行きましたが、ゆっくりした雰囲気で、母からは働くように言われていたので、その時は通いませんでした。母が亡くなってからアルバイトもうまくいかず、再度生活支援センターを訪ね、生活保護の申請は、やどかりの里の大宮区の生活支援センターの職員に手伝ってもらい、スムーズに受理されました。

　役所の人には家族に支援してもらうように言われましたが、両親の離婚後離れて暮らしている父はもう65歳を超えていて年金生活であること、10年以上疎遠で電話番号や住所などの連絡先もわからない、完全に絶縁状態であることなどを話して、理解してもらいました。

その後，やどかりの里の働く場をいろいろ見て回りましたが，手作り品を販売するお店「You遊」で働くことに決めました．その後，「You遊」が喫茶ルポーズといっしょになったので，ルポーズで働きました．週5日の5時間勤務だったこともありましたが，週4日4時間働いていました．接客が好きで喫茶店も好きなので，最低賃金以上の給料がもらえたら，ルポーズで働き続けたいとも思っていました．障害年金ももらってはいません．21歳で発症したのですが，20歳の時だけ年金が未納だったんです．ルポーズで働いている時に同じ市内のアパートに引っ越しました．

20代の頃の最後の入院から15年が経過し，今から2年前に大きな再発をして，2か月の入院をしました．人間関係のストレスだったと思います．退院後喫茶ルポーズに戻ることも考えましたが，主治医からルポーズは卒業したらと言われ，就労継続支援A型事業所を見て回るのもいいかもしれないと思っていました．退院後自宅療養を続ける中で，やどかりの里のサポートステーションやどかりの昼間の活動に参加してみたらと生活支援センターの職員に言われました．以前から私のことをよく知っているサポートステーションやどかりの施設長から「千恵さんは働くほうがいいのではないか」と勧められ，やどかり情報館のピアサポート事業（A型事業）に所属し，サポートステーションやどかりのメンテナンスの仕事や昼食づくりなどに従事することになりました．週に3日働いています．

生活保護削減の影響

今はほんとうに余裕のない生活です．前はDVDやCDを買う余裕がありましたが，今は中古で買ったり安く買えるところを

探しています．唯一の楽しみはコンサートに行くことです．年に1回なので，食費を削ったり，美容院に行く回数を減らしたりしながら，なんとか調整しています．

貯金は，生活保護を受給し始めた頃は月1万円という目標を立てて貯めていたのですが，生活保護の引き下げ以降は，収入より支出のほうが多くなり，貯金を切り崩しながらやり繰りしています．今はとても貯金をする余裕はなく，困っています．

生活保護担当者の対応

引っ越し前の担当のケースワーカーは20代の若い男性で，とにかく頼りなかったです．例えば，「交通費が一部ですが出ますよ」という話になっていたのに，結局思い違いだったようで，後から「申し訳ございません．交通費は出ないんです」と話が変わったり，決定通知書は本来毎月届くはずなのですが，私の場合，毎月届かず，2か月から3か月分がまとめて届いたり，どうなっているのかなあと思っていました．

決定通知書も，これはもらえる額なのか払わなくてはいけない額なのか，難しい書き方をされるので理解できないんです．訪問があった時に，決定通知書を全部出して，これはどういう意味なのかという説明をしてもらい丁寧に教えてもらいました．決定通知書の内容がわからないので説明を聞いた時に，「過払いなので来月から引きます」といったこともありました．

前の区の役所の窓口の対応は悪かったです．バイキンを扱うように手を触ったら病気が移るんじゃないかというような対応をされて，ショックを受けました．もしかしたら幻聴かもしれませんが，不正受給してるんじゃないかと蔭でこそこそ言われたり，ちゃんと働ける体なのに働かないで，精神障害者という

のもほんとうは嘘なんじゃないかという話をしているのを聞いたりしました．

　事業所で働けば働くほど，受給額が減らされるので，あまり働き過ぎることができないというところがネックになっています．

働きながら生活保護を受給

　ルポーズはB型事業所でしたが，今の職場はA型事業所です．収入は良くなったはずなのですが，まったく貯金もできず，欲しい物も買えません．母親の法事の際にお布施代がかかります．その費用を捻出するのがほんとうにたいへんです．最近，役所の生活保護の担当職員の訪問がありましたが，生活の状況を10分足らずで聞くだけで，形式的な訪問だなと思いました．

　生活保護から抜け出すことは今の段階では考えていません．働いて得た給料では足りない差額分を生活保護で補填(ほてん)してもらう形がいいと考えています．将来，ほんとうにフルタイムで働ける体力と精神力が戻ってきたら，生活保護も役所のほうから打ち切りという形になると思います．

　ケースワーカーからの就労指導もあります．担当者から「アルバイトとして普通に働けないんですか」と聞かれたことがありました．まだ少し自信がなかったり薬を飲んだりしているので，「普通にアルバイトは難しいです」という話をしました．見た目が普通の人と変わらないものですから，ケースワーカーにも言われるし，近くに住んでいるおばや妹からも「そろそろ普通にアルバイトできないの」と言われることが多いです．

　その他には医療券のことも気になっています．病気が重くなるたびに毎回医療券を役所に取りに行くのはたいへんです．医

療券は1回取れば1か月有効なのですが，精神科以外の医療機関にかかる時には医療券が必要なので，それを体調が悪い時に取りに行くのは辛いです．そして，生活保護受給者は，生命保険に入れないことです．がんになった時などに先進医療が必要になっても，生活保護の医療費の枠の中でしか治療が受けられないのです．

生活保護のおかげで生きていける

辰村　泰治　　　　　　　80歳．グループホームに暮らし，エンジュで週1日働く．

精神病院の院長が生活保護を斡旋(あっせん)

　今から40年くらい前に胸が痛くなったことがありました．寝る時，お腹が空いている時，寒い時などです．精神科にかかっていましたが，原因はわかりませんでした．その頃，いくらか貯金はあったので，神経痛かもしれないし，温泉へでも行ってのんびりすれば治るかもしれないと思い，上野駅から福島県の会津若松行きの特急に乗りました．そうしたら苦しくなってしまい，もう電車に乗っていられなくなって，降りたところが大宮駅でした．プラットホームで倒れているところを，救急車を呼んでもらって，その後22年間入院することになる病院に収容されました．

当時，私は3万円ほどの小遣いと通帳を持っていたので，なんとかなるだろうと思っていましたが，「精密検査をしないとわかりませんが，手術が必要かもしれない．入院費はいくらか用意がありますか」と聞かれ，「アパートに戻れば30万ぐらいの貯金はあります」と答えました．「そんなはした金じゃだめだ」と言われ，結局入院する時にお金も所持品も全部取り上げられてしまいました．

　入院費の出所として，親戚やお世話になった人のところへ聞いてみたらどうかと言われ，その人たちの電話番号を聞かれました．そうして院長が私のおじのところへ電話したのです．「あんたのおじさん，けんもほろろだったよ．話にならん」と言われました．

　結局，お金の出所がなくて，入院生活が続けられないと思っていましたが，院長から「生活保護をもらってやるから，そうしたら大丈夫だから」との話があり，ある日，面接室へ呼ばれて行ったら，院長と若い生活保護の役人がいました．

　「ああ，この人ですか」と役人が笑いました．「あんた，最高学府まで出ててどうしたんですか．どうしてこんなことになったんですか」と言われました．その時は胸が痛くて眠れない状態で，頭も少し正常ではなかったので，ちゃんとした答えもできませんでしたが，「わかりました．それじゃ，ここにあるお金，これ院長先生，この人にあげてください」と話が進みました．

　生活保護は既に申請してあって，生活保護がもらえるようになったのです．それまで私は生活保護のことはぜんぜん聞いていませんでした．

　私がお世話になった院長は，どんな患者でも救急車で連れて来れば，「わかりました．引き受けましょう」という先生でした．

そういう医者はなかなかいないので，市役所にとってはひじょうに都合のいい病院だったのです．院長が電話して，だいたいの概要を話せば，役人はお金を持ってきてくれる状態でした．そうした経緯で生活保護の受給を始めました．

ストレスで胃に穴

　精神科病院に入院したのは12月でした．クリスマスの頃で寒い季節でした．胸が痛いのは胃潰瘍だったんです．胃に穴が開いていて，寒さが堪えました．ストレスが胃液を分泌させるらしく，寒さもストレスですから，寒ければ寒いほど胃液が出て，自分の胃袋も消化していたようです．生活保護を受給するようになってから，新年早々，精密検査をしてもらいました．胃潰瘍だったら，胃袋を取ってしまえばいいのだから，手術を受けるか聞かれ，痛いのだけは早く治してもらいたかったので，お願いしました．手術をしたのはその年の8月でした．

入院して初めて生活保護制度を知る

　私は22歳の時に発病，それから精神科病院に3回ほど入退院を繰り返していました．

　27歳の時に3回目の退院をしたのですが，それから何もしないでいると生きていけないので，親戚に頼んで勤め口を探してもらい，5つくらいの職業を転々としました．それまでの入院費は，全部親戚に負担してもらっていました．ただ，おじさんたちも高齢で，自分たちのことで精一杯だったので，私の面倒も見られなくなっており，費用について頼むのも嫌でした．

　結局10年くらい働き，貯金も一時は100万くらいまで貯まりましたが，胸の痛みで入院するまでの生活はみじめでした．

親戚が30過ぎの男にお金なんかくれません.「お前, 仕事しろ」と言われて, 精神科病院に月に1回か2回通いながら, いろいろなところで働きましたが, 精神障害者が薬をもらいながら外で働くというのはたいへんなことなんです. 私の場合, 特に運が悪かったのかもしれませんが, 東京で働いた時は, 経営者が言うとおりに動く, 便利な小間使いのような仕事もしました.

1つ例を挙げると, 私が初めて働いたビニールでレインコートを作る会社でもらった給料は, 大学卒の給料が1万8,000円だった時代で1万2,000円でした. 食べるものにも気を付けました. 安いもやしと, それから油揚げの味噌汁. それで3食食べていました. 豆腐も安いので, よく食べました.

その時は生活保護という言葉を知らなくて, 入院して初めて生活保護というありがたい制度があるということを知りました.

生活保護を受給して暮らす

生活保護を受給するようになって, 入院前と生活は変わりました. 仕事をして, 自分でお金を稼がなくてはいけないことはたいへんでした. 生活保護を受給することができたおかげでこのような生活ができているのだと感謝しています. 生活保護はありがたいです.

生活保護を受給することに対する後ろめたさは少しはありましたが, それよりも体が苦しかったんです. 最終的にはモルヒネを打ってもらって我慢しているような状態だったので, 入院する前はほんとうに苦しかったです.

最後の退院以後はやどかりの里にずっとお世話になっていて, もう天国と地獄のような違いがあります. やどかりの里は

ほんとうにありがたいところです.

　高校の同級生などの友人たちの間では,生活保護を受給して暮らしているのは私1人だと思うので,ちょっと恥ずかしかったのです.でも,せっかくここまでもらっているのだし,もう自分はあと何日生きられるか,何か月生きられるかわかりません.最後まで生活保護のお世話になるより仕方がないと思っています.

　生活保護を受給していることで,実際に人に何かを言われたりしたということは幸いにしてありません.友人も認めてくれました.「生活保護を利用して暮らすことができるんだから」と理解してくれています.「生活保護をもらっていてしょうがないじゃないか」なんて言われたことは一度もありません.

役所のミスで過払い分の返還

　生活保護を受給していることで苦労はあるし,嫌なこともあります.退院してから1年くらい勤めていた頃に福祉事務所に収入申告に行ったのです.その時に,今まで世話をしてくれた職員さんがいなくなって,別の職員に代わり,「辰村さん,ちょっと来てください」と言われたんです.「辰村さん,今まできちんと収入申告していてなんの欠点もないんだけども,申し訳ないけども,この1年間,あなたの担当をしていた職員が計算間違いかもしれないが,辰村さんの生活保護費を払い過ぎていた」と言うのです.「20万円くらい余分なお金があんたの懐に入っているから,返してくれないか」と.返して欲しいと言われても,20万円もらってしまって,もうないわけです.そうしたら,その職員から「今,20万円全部返してくれとは言わないけど,毎月5,000円ずつでもいいから返してください」と言われました.

私も若かったらその職員と喧嘩したかもしれませんが，苦労してますので，喧嘩しても仕方がないと思い，「わかりました．来月から5,000円ずつお返しします」ということがありました．
　そういうことは実はもう1回あるんです．私が収入申告に行ったら，当時担当だった職員が「辰村さん，ちょっと」と言うわけです．毎月6,000円ぐらい老齢年金をもらっていましたが，ある時から1,000円増えているんです．「あんた余分に収入がある．この分は生活保護で認めるわけにはいかないから，オーバーした分は返してもらいたい」と言われたのです．老齢年金が毎月いくらか増えているから，やはり返してくれと言われれば返すより仕方ないと思って，毎月5,000円ずつ，4万5,000円ぐらい返しました．
　エンジュで働き始めて1年くらい経った頃，やっと私も他のところで講演をして，いくらか自分で稼ぐことができるようになったんです．他のところで稼いだ分は収入申告しています．やっぱり生活保護をもらっていると，いろんな神経を使います．

生活保護が家族関係を壊す

　私には腹違いの姉が1人浦和にいます．腹違いなので，いっしょに暮らしたことはありません．姉がいることは知りませんでした．その姉が最後の入院の時に，時々見舞いに来てくれるようになりました．「ありがたいな，お母さんが違うのに優しいな」と思っていたら，ある日突然，その姉が冷たくなったんです．姉が言うには，生活保護の役人が姉のところに来て「生活保護費を肩代わりしてくれませんか」と言ったそうです．姉も年金暮らしで10何万円も毎年肩代わりできないので，私と距離を置くようになったようです．親類や兄弟を詳しく調べて

生活保護費を肩代わりさせようという狙いがあるようなので，役人はうるさいんです．

　生活保護を受けることによって，家族関係を壊してしまうこともあります．私にとっては姉ですが，私が姉の家に行ってもいい顔はされません．今は年賀状と暑中見舞いぐらいで，どうぞお元気で頑張ってください，という当たり障りのないことが書いてあります．

赤字を出さずに生活する

　私は22年の入院の前は生活保護以下の生活を送っていたので，どれほど生活保護のお金が少ししかもらえなくても，絶対に赤字だけは出したくないと思っています．借金なんてもってのほかです．

　赤字を出さないための工夫もしています．衣食住のうち，住はアパートを借りています．衣類は自分でお金を出して背広を作る，靴下を買う，ワイシャツを買う，そうしたことはしていません．全部もらいもので済ませています．最後にいた病院では，患者が退院する時に病院で着ていたものを持っていかないで置いていく人が多かったんです．今はどうか知りませんが，そういう人がたくさんいて，病院の職員がくれるのです．そういうふうにしてもらった衣類がいっぱいあるんです．かなりほころびはありますが，なんとか着られるので，衣類費はかかっていません．食のほうもなんとでもなります．近所の安い飲食店で食べています．そういう生活をしていれば，なんとかなると思っています．

1日も長く今の生活を送りたい

　急に病気になった時には区役所に行って医療券をもらってきます．それぐらい仕方ないと思っています．区役所に行って，「どこの病院に行きますから」と言うと，辰村の名前の入った医療券をもらえます．病院の名前まで印刷してくれます．私は精神科の患者で，内科の患者でもあり，それから歯医者に行きたくなったら，歯医者の医療券をもらいに行っています．有効期限は1か月です．自立支援医療の1割負担も医療扶助で賄われています．生活保護をもらっている人間は，医療費がかかりません．歯医者に行くのもただ，眼鏡を作るのもただ，こんなありがたい制度はないと思っています．

　いつもお世話になっている医者だと，医療券を持っていかなくても，「今度持ってきてくれればいいよ」と言ってくれる人もいます．

　地域の信頼関係は大事にしています．周りの人には嘘をつきたくないので，嘘をつかないように暮らしています．

　それと，私にとって仕事ができるということがほんとうにありがたいことだと思っています．今はエンジュで1週間に1時間働けばいいと言われて，そうしています．

　今の生活には満足しています．私は体力も頭のほうもだんだん衰えてきていることがわかってきましたので，あとどれくらい生きられるかわかりませんが，なるべく長生きして今の生活を持続させようと思っています．

おわりに

　「精神障害のある人の自立」をテーマに企画を考えてきました．その検討の中で，やどかりの里で生活保護を受給して生活している仲間たちにアンケートをお願いしました．精神障害のある人にとって生活保護は身近な制度であり，生活を支えています．しかし，その生活ぶりは意外と知られていません．

　生活保護基準引き下げ違憲訴訟が始まったのが2014年2月，本書にはその訴訟に原告として立ちあがった3人の原告に登場していただきました．そして，生活保護を利用して生活している人たちに暮らしぶりを伺いました．

　そして，生活保護の制度や基準引き下げについてはわかりにくく，私たち編集委員会も学び，読者にも伝えたいという思いから，弁護士の小久保哲郎先生とやどかりの里の職員の永瀬恵美子さんに生活保護引き下げ違憲訴訟を支援する立場から執筆していただきました．

　この本の大半は生活保護を受給する人たちの生い立ちから生活保護を受給することになり，その中でどう生きているか

の話です．生活保護を受給しているのは，その人の一面にすぎないので，その人の歩まれた人生全体を伝えています．結果として，生活保護受給者をサポートする専門職でないと知り得ないことが，この本には書かれています．

　私は精神障害のある人は，労働が苦手であると思いがちでしたが，そうではなくて，生活が苦手であると最近思うようになりました．私の場合，労働の面ではやどかり情報館に勤務し，職員のサポートを受け，障害者雇用として成り立っています．生活の面では親と同居しているので，親のサポートを受け，生活を成り立たせています．親と同居しているとあたりまえだったことが，昨年，親が1か月ほど入院し，一人暮らしでたいへん苦労をしました．どちらの面でもサポートを受けないと破綻するのではないかと痛感したところです．両面でサポートを受けられることは，たいへん恵まれている状況にあると思った出来事でした．その点から考えると，単身世帯で暮らすことの多い生活保護を受給している人が生活保護を受けることは憲法に保障される当然の権利だと思います．

　やどかりの里で生活保護を受給している人たちの記録を本シリーズの1冊として上梓できたことは幸いです．

　最後に本書を出版するにあたり，話を聞かせていただき，出版を了承していただいた皆様に，そして生活保護制度や基準引き下げについてわかりやすく原稿を書いていただいたお2人に深く感謝いたします．

2018年2月

　　　　　　　やどかりブックレット編集委員　花野　和彦

やどかりブックレット・障害者からのメッセージ・24

生活保護と障害者
守ろうあたりまえの生活

2018 年 3 月 21 日　発行

編集	やどかりブックレット編集委員会
著者	永瀬恵美子　小久保哲郎　五月女敏次
	三浦紀代子　佐藤　晃一　白山　実里
	黒尾　克己　服部　直弘　門田　俊彦
	渡邉　千恵　辰村　泰治
発行所	やどかり出版　代表　増田　一世
	〒337-0026　さいたま市見沼区染谷1177-4
	TEL 048-680-1891　FAX 048-680-1894
	E-miail　book@yadokarinosato.org
	http://book.yadokarinosato.org/
印刷所	やどかり印刷

視覚障害などの理由から本書をお読みになれない方を対象に，テキストの電子データを提供いたします．ただし，発行日から３年間に限らせていただきます．

　ご希望の方は，①　本書にあるテキストデータ引換券（コピー不可），②　奥付頁コピー，③　200円切手を同封し，お送り先の郵便番号，ご住所，お名前をご明記の上，下記までお申し込みください．

　なお，第三者への貸与，配信，ネット上での公開などは著作権法で禁止されております．

〒337－0026　さいたま市見沼区染谷1177－4　やどかり出版編集部